Forschungsinstitut der Friedrich-Ebert-Stiftung
Abt. Arbeits- und Sozialforschung

Gesprächskreis Arbeit und Soziales
Nr. 32

Von der Ausländer- zur Einwanderungspolitik

Eine Tagung
der Friedrich-Ebert-Stiftung
am 12. und 13. Oktober 1993 in Leipzig

ISBN: 3-86077-288-0

Herausgegeben vom
Forschungsinstitut der Friedrich-Ebert-Stiftung
Abt. Arbeits- und Sozialforschung
Godesberger Allee 149, 53175 Bonn
Druck: satz + druck GmbH, Düsseldorf
August 1994

Inhalt

Günther Schultze
Vorbemerkung 5

Herta Däubler-Gmelin
**Von der Ausländer- zur Einwanderungspolitik:
Brauchen wir eine neue Einwanderungspolitik?** 7

Ursula Mehrländer
Günther Schultze
Einwanderungskonzept für die Bundesrepublik Deutschland 25

Hans Dietrich von Loeffelholz
**Zuwanderung: Erfahrungen und Perspektiven der
Zuwanderung in die Bundesrepublik aus ökonomischer Sicht** 41

Ulrich Herbert
**Saisonarbeiter – Zwangsarbeiter –Gastarbeiter
Zur historischen Dimension einer aktuellen Debatte** 61

Dieter Oberndörfer
Schutz der kulturellen Freiheit – die multikulturelle Republik 79

Yasemin Karakasoglu
**Vom Gastarbeiter zum Einwanderer:
Zur Lebenssituation der türkischen Bevölkerung** 87

Heiner Sandig
**Zur Akzeptanz einer neuen Einwanderungspolitik unter
besonderer Berücksichtigung der Situation in den neuen
Bundesländern** 97

Gisbert Brinkmann
Europäische Einwanderungspolitik 107

Referenten, Tagungs- und Diskussionsleitung 125

Vorbemerkung

Die Erkenntnis wächst, daß unsere bisherige Ausländerpolitik gescheitert ist und an ihre Stelle eine neue Einwanderungspolitik treten muß. Das Forschungsinstitut der Friedrich-Ebert-Stiftung hat bereits im Mai 1992 erste Überlegungen veröffentlicht, wie eine derartige Einwanderungskonzeption gestaltet werden kann.[1] Auszüge hieraus sind in dieser Broschüre enthalten.

Während der Konferenz des Gesprächskreises Arbeit und Soziales am 12. und 13. Oktober 1993 in Leipzig haben wir die damit zusammenhängenden Fragen vertiefend diskutiert. Ein Blick in die Geschichte lehrt uns, daß Deutschland seit Ende des Zweiten Weltkrieges in erheblichem Umfang Zuwanderer aufgenommen hat und zu einem Einwanderungsland geworden ist. Die Politik trägt diesen veränderten Verhältnissen aber nicht Rechnung. Wider den Augenschein wird die Zuwanderung von Ausländern als die Ausnahme von der Regel betrachtet und eine Politik betrieben, die bestimmte Gruppen von Zuwanderern über Generationen hinweg von der gleichberechtigten Teilhabe am gesellschaftlichen Leben ausschließt. Am deutlichsten lassen sich die negativen Konsequenzen einer derartigen Ausgrenzungsstrategie an der zahlenmäßig stärksten Zuwanderergruppe der letzten Jahrzehnte – der türkischen Bevölkerung – zeigen. Begründet ist diese abwehrende Haltung gegenüber Fremden in einem Nationenkonzept, das Zugehörigkeit über Abstammung definiert. Gefordert ist aber vielmehr ein republikanisches Nationenverständnis, das allen, die auf einem Territorium ihren Lebensmittelpunkt haben, die vollen staatsbürgerlichen und sozialen Rechte zugesteht.

Vielfach wird Zuwanderung auch ausschließlich unter dem Gesichtspunkt der Belastung unserer Wirtschaft und der sozialen Infrastruktur thematisiert. Vernachlässigt werden hingegen die positiven wirtschaftlichen Effekte, die Zuwanderungsprozesse auslösen. Sowohl in der

---

1 Siehe Mehrländer/Schultze: Einwanderungskonzept für die Bundesrepublik Deutschland, Fakten – Argumente – Vorschläge, Reihe: Gesprächskreis Arbeit und Soziales Nr. 7, Bonn 1992.

Vergangenheit als auch in der Gegenwart wäre die wirtschaftliche Entwicklung ohne Zuwanderungen ungünstiger verlaufen.

Eine der wichtigsten zukünftigen Aufgaben der Politik wird es sein, Konzepte zu entwickeln, wie weitere Einwanderungsprozesse nach Deutschland gesteuert werden können und wie die Integration der Zuwanderer gestaltet werden kann. Hierbei gilt es, aus den Fehlern alter Konzepte, z.B. den Anwerbeabkommen der 50er und 60er Jahre, die Lehren zu ziehen und nach neuen Wegen zu suchen. Eine neue Eiwanderungspolitik ist nur dann durchführbar, wenn sie von den relevanten gesellschaftlichen Organisationen getragen und von der Mehrheit der Bevölkerung unterstützt wird. Wir hoffen, daß die folgenden Beiträge dazu dienen, Hintergrundinformationen für die notwendige öffentliche Diskussion zu liefern.

Unser Dank gilt der Referentin und den Referenten unserer Konferenz, die uns ihre Beiträge zum Abdruck zur Verfügung gestellt haben. Außerdem gilt mein Dank Claudia Unkelbach, die für die Organisation der Konferenz und die Erstellung dieser Broschüre verantwortlich war.

Bonn, im Juni 1994   Günther Schultze

Herta Däubler-Gmelin

Von der Ausländer- zur Einwanderungspolitik: Brauchen wir eine neue Einwanderungspolitik?

Mir ist die Aufgabe gestellt worden, am Beginn dieser Konferenz der Friedrich-Ebert-Stiftung hier in Leipzig zu der Frage Stellung zu nehmen, "ob wir eine neue Einwanderungspolitik brauchen".

Ich finde zunächst einmal die Formulierung der Fragestellung verblüffend, setzt sie doch gedanklich voraus, in der Bundesrepublik gäbe es eine Einwanderungspolitik und die Auseinandersetzung könne im wesentlichen darüber geführt werden oder werde darüber geführt, ob diese verändert werden müsse oder nicht.

So ist es jedoch nicht. Zwar gab und gibt es, wie wir wissen, seit langem in erheblichem Umfang Einwanderung in die Bundesrepublik sowie nach West- und Nordeuropa, und auch der Einwanderungsdruck aus dem Bereich Mittelost-und Südosteuropas ebenso wie aus dem Bereich des Mittelmeerraums besteht erkennbar fort; eine Einwanderungspolitik der Bundesrepublik Deutschland, die ja mindestens Aussagen und Überlegungen zu Einwanderungskriterien, Zuwanderungszahlen und Planungen für die Bereitstellung der Infrastruktur für die Integration enthalten müßte, existieren jedoch nicht. Ebensowenig wie ein Konsens über die damit verbundenen Fragen in der Öffentlichkeit. Zwar mahnen Politikerinnen und Politiker, darunter auch die Ausländerbeauftragte der Bundesregierung immer wieder die Fortentwicklung unseres geltenden Ausländerrechts und die Erarbeitung einer modernen Einwanderungspolitik an; in der Bundesregierung und der sie mehrheitlich tragenden Unionsfraktion im Deutschen Bundestag stoßen sie damit jedoch auf taube Ohren. Dort wird offiziell und nahezu einheitlich sogar noch bestritten, daß die Bundesrepublik zu den Einwanderungsländern gezählt werden könne oder müsse.

Diese – offensichtliche – Feststellung wird von der kleineren Regierungspartei FDP und bei den Parteien der Opposition im Deutschen Bundestag heute nicht mehr bestritten. Einheitliche Vorstellungen für eine Einwanderungspolitik haben jedoch auch sie bisher nicht vorgeschlagen. Einzelne Überlegungen existieren bei einigen ihrer Mitglieder, sind sogar schon zu Gesetzesformulierungen avanciert, zum unumstrittenen Bereich der gemeinsam vertretenen Kernforderungen indes gehören sie bisher nicht.

Die Diskussion über Migrationsfragen und die Elemente einer Einwanderungspolitik werden bisher hauptsächlich in Akademien und politischen Stiftungen vorangetrieben, gerade auch die Friedrich-Ebert-Stiftung hat hier hervorragende Arbeit geleistet. Im Bereich der politischen Macher in Bonn oder in den Ländern stehen immer noch die alten Streitfragen der Flüchtlings- und Ausländerpolitik auf der Tagesordnung, die immer noch nicht zufriedenstellend entschieden, geschweige denn gelöst sind: Wer unter welchen Bedingungen ein **vorübergehendes** Schutz- oder Bleiberecht in der Bundesrepublik haben solle und wann Status, Rechte und Einbürgerungsmöglichkeiten für die ausländische Wohnbevölkerung in der Bundesrepublik endlich so gestaltet sein werden, daß sie den Anforderungen an eine moderne Integrationspolitik in einem mitteleuropäischen Land zu Beginn des 21. Jahrhunderts entsprechen.

Jetzt, gerade in diesem Augenblick beginnt das Bundesverfassungsgericht mit der Verkündung seines lange erwarteten wichtigen Urteils zum Vertrag von Maastricht; es wird ihn wohl im großen und ganzen für verfassungsgemäß erklären. Der Maastrichter Vertrag soll bekanntlich durch eine ganze Reihe zusätzlicher Kompetenzen für die europäischen Gremien und durch die Verpflichtung der Mitgliedsstaaten zu Koordination und engerer Zusammenarbeit in weiteren Bereichen der Politik aus der EG, die schwerpunktmäßig immer noch eine Wirtschaftsgemeinschaft ist, eine politischere, einem Bundesstaat ähnliche Europäische Union entstehen lassen.

Für die Flüchtlings-, Ausländer- und Einwanderungspolitik sieht der Vertrag künftig eine engere Zusammenarbeit der EU-Staaten vor. Hier setzt sich die Überzeugung durch, daß diese Fragen nur durch eine europaweit einheitlichere Politik vernünftig geregelt werden können. Wie diese allerdings aussehen soll oder könnte und in welchen Zeiträumen Fortschritte sichtbar werden könnten, das alles läßt sich heute noch nicht absehen. Dafür sind die Vorstellungen in den einzelnen Mitgliedsstaaten noch zu uneinheitlich und zwischen ihnen noch zu umstritten.

Eines jedoch wird im Vertrag klar betont, was in der Bundesrepublik seit Jahren die Gemüter erhitzt und zu Streit geführt hat: Die Bürgerinnen und Bürger eines Mitgliedslandes der Europäischen Union sollen in Zukunft in jedem Mitgliedsland der EU an den Kommunalwahlen und an den Wahlen zum Europäischen Parlament vollberechtigt teilnehmen, also wählen und gewählt werden können. Damit wird die jeweilige nationale Staatsangehörigkeit durch die im übrigen erst in Ansätzen sichtbare gemeinsame EU-Staatsbürgerschaft überwölbt und insoweit in ihrer bisherigen Begrenzungsfunktion auf die eigenen Staatsangehörigen des jeweiligen Nationalstaates außer Kraft gesetzt. Das begrüße ich, denn damit erhält auch die Diskussion in der Bundesrepublik Deutschland wieder Auftrieb. Sie erinnern sich sicherlich daran, daß das Bundesverfassungsgericht auf Anforderung der CDU/CSU vor einigen Jahren die Versuche verworfen hatte, das kommunale Wahlrecht für langjährig in der Bundesrepublik lebende ausländische Arbeitnehmer, also für die Angehörigen der ausländischen Wohnbevölkerung ohne deutsche Staatsangehörigkeit einzuführen. Diese Bevölkerungsgruppe wurde zwar seit Ende der 50er Jahre, stärker dann zu Beginn der 60er Jahre nach dem Bau der Berliner Mauer als Arbeitnehmerinnen und Arbeitnehmer angeworben: Zunächst aus den Ländern der EG, aus Italien, später aus Spanien und Portugal; in besonderem Umfang dann aus der Türkei, mit der Deutschland ja eine lange Geschichte der Freundschaft und der gegenseitigen Verträge verband. Auch jugoslawische Arbeitnehmerinnen und Arbeitnehmer kamen hinzu – diese Anwerbeaktionen sind übrigens der Grund dafür, daß die unbestritten größte Zahl der Jugoslawienkriegsflüchtlinge in der Bundesrepublik Schutz gesucht hat. Angeworben wurden diese Menschen zur Arbeit in Deutschland; als Arbeitnehmer. Gekommen sind – Sie alle kennen das berühmte Wort von Max Frisch, das Bundespräsident Heinemann aufgenommen hat – Menschen mit ihren Ehepartnern und Eltern mit Kindern, wenn sie nicht in der

Bundesrepublik geboren wurden. Insgesamt sind das einschließlich der Familienangehörigen und Zugezogenen nach heute häufig schon drei Generationen; mittlerweile mehr als sechs Millionen Menschen.

"Eingewandert", auf Dauer zugewandert, sind diese Menschen ganz sicher. Zwar haben die meisten von ihnen ihren Aufenthalt am Anfang wohl zunächst nur als vorübergehend geplant; mittlerweile jedoch ist ihr dauerhafter Lebensmittelpunkt längst hier, und alle Anzeichen weisen darauf hin, daß ihre Verwurzelung hier und die mittlerweile eingetretene Entwurzelung im Heimatland die Rückkehr und Rückwanderung höchstens für eine verschwindend kleine Minderheit zur Realität werden lassen dürfte.

Alle diese Menschen unterliegen dem Ausländerrecht und seinen Restriktionen bis heute, jenem Sonderrecht für Ausländer, obwohl sie längst zu Inländern mit ausländischem Paß geworden sind. Auch eine "Einwanderungspolitik" im Sinne von geplanten zusätzlichen Maßnahmen zur gezielten Integrationsförderung hat es im Hinblick auf diese Bevölkerungsgruppe nicht gegeben. Hartnäckige Konservative bestreiten sogar noch heute, daß es sich bei diesem Anwerbevorgang um Einwanderung handele: Ungeachtet der damit verbundenen unmenschlichen Behandlung hätten sie diese Bevölkerungsgruppe gerne auf Dauer als in Deutschland minderberechtigte, bei nachlassender Konjunktur jederzeit wieder rückschiebbare Arbeitnehmerreserve angesehen. Dieses Konzept allerdings kann heute jedoch schon aufgrund der inzwischen verfestigten ausländerrechtlichen Bleiberechte nicht mehr umgesetzt werden. Der größte Teil dieser ausländischen Wohnbevölkerung wird auf Dauer in der Bundesrepublik bleiben – wie ich hoffe, sehr bald nicht nur mit gleichen Pflichten, wie sie Deutsche haben, sondern auch mit gleichen Rechten.

Bisher herrscht hier ja eine mehr als bedenkliche Diskrepanz: Ausländische Arbeitnehmer und ihre Familienangehörigen sind einerseits selbstverständlich an die deutschen Gesetze gebunden, müssen selbstverständlich auch die gleichen Steuern und Sozialversicherungsbeiträge, ja sogar die Solidaritätsabgabe für die deutsche Einheit wie deutsche Staatsangehörige bezahlen; sie tragen ganz ohne Zweifel zu unser aller

Wohlstand bei, dürfen an Betriebs- und Personalrats- und an Sozialversicherungswahlen teilnehmen; das allgemeine aktive und passive Wahlrecht jedoch, also die demokratischen Bürger- und Mitbestimmungsrechte im staatlichen Bereich haben sie nicht.

Der Maastrichter Vertrag greift nun hier ein – allerdings nur für EU-Staatsangehörige; für die Mitglieder der ausländischen Wohnbevölkerung aus Staaten, die nicht Mitglieder der EU sind, bleibt alles beim alten. Bleiben muß deshalb auch die Forderung, diesen Personenkreis mit den Deutschen oder den EU-Bürgern gleichzustellen und ihm endlich auch das Wahlrecht einzuräumen.

Eine zweite Forderung zur Gleichstellung der ausländischen Wohnbevölkerung wird seit Anfang dieses Jahres wieder stärker diskutiert: Erleichterung der Einbürgerung, Ergänzung des Abstammungsrechts beim Erwerb der deutschen Staatsangehörigkeit durch das Territorialprinzip, Hinnahme der Doppelstaatsangehörigkeit – das sind die Stichworte dafür. Ich selbst habe dazu einen Gesetzentwurf vorgelegt, der im wesentlichen gleich durch die SPD im Deutschen Bundestag eingebracht wurde; die Ausländerbeauftragte der Bundesregierung hat einen – inhaltlich ähnlichen – Gesetzentwurf erarbeitet, der allerdings nicht die Zustimmung des Kabinetts und der Regierungsfraktionen in Bonn gefunden hat und deshalb bisher nicht in den Bundestag eingebracht wurde, noch dort diskutiert werden kann.

Ich glaube nicht, daß sich an diesem Zustand vor den Bundestagswahlen im kommenden Herbst noch etwas ändern wird. Obwohl das "Referendum doppelte Staatsbürgerschaft" bei der Zahl seiner Unterstützer mittlerweile die Millionengrenze durchstoßen haben dürfte und in zahlreichen Veranstaltungen gerade auch bei deutschen Staatsangehörigen um Verständnis für die nötige Modernisierung des antiquierten deutschen Staatsangehörigkeitsrechtes wirbt, wird das die Union im Bundestag kaum interessieren – sie wird weiter blockieren. Jedenfalls bis zum Wahltag. Jede neue Bundestagsmehrheit wird sich dann jedoch mit dieser Frage beschäftigen müssen – die Veränderungen und die damit verbundene rechtliche Gleichstellung der ausländischen Wohnbevölkerung darf nicht mehr länger aufgeschoben werden. Damit wären dann wenigstens die wichtigsten rechtlichen Folgen der von der Bundesrepublik selbst organisierten Arbeitseinwanderung bewältigt und der erste Schritt von der Ausländerpolitik hin zu der Anerkennung getan, daß es sich um Einwanderung handelte. Damit wären dann endlich für die wichtige Gruppe der ausländischen Wohnbevölkerung die 'Voraussetzungen für eine gesellschaftliche Integrationspolitik im Bildungs-, Wohnungs-, Berufs- und Sozialbereich verbessert.

Seit dem Ende des zweiten Weltkriegs, schwerpunktmäßig jedoch in den letzten Jahren ist eine zweite Bevölkerungsgruppe auf Dauer in die Bundesrepublik zugewandert. Diese Gruppe der Vertriebenen und Spätaussiedler umfaßt in der Bundesrepublik Deutschland mittlerweile auch schon über drei Millionen Menschen. Sie sind zunächst unter großen Schwierigkeiten durch den Eisernen Vorhang, später, als dieser durchlässiger wurde und dann ganz wegfiel, unter unvergleichbar viel leichteren Bedingungen in die Bundesrepublik gekommen. Auf noch nicht genau absehbare Zeit werden jeweils mehr als 200.000 Menschen pro Jahr als Rückwanderer erwartet.

Sie alle fanden und finden in der Bundesrepublik erheblich günstigere Integrationsvoraussetzungen vor als jene ausländischen Arbeitnehmerinnen und Arbeitnehmer, die in früheren Jahren angeworben wurden: Sie haben sofort einen Anspruch auf Einbürgerung – übrigens ohne ihre bisherige Staatsangehörigkeit, sei es nun die rumänische, polnische, sowjetische oder russische aufgeben zu müssen; Sprachunterricht, Eingliederungs- und Starthilfen, günstige Kredite und Wohnungen, sofortige Sozialversicherungsleistungen und Gleichstellung mit entsprechenden Berufs- und Altersgruppen in der Bundesrepublik im Rentenrecht ohne Eigenleistung – das alles gehört zu dem Leistungskatalog, der für diese Bevölkerungsgruppe zur Erleichterung der Einwanderung, der Rückwanderung, wie es offiziell heißt, vorgesehen wurden.

Der Unterschied, die Privilegierung gegenüber deutschen, aber vor allem gegenüber den ausländischen Arbeitnehmerinnen und Arbeitnehmern und ihrer Familien fällt ins Auge. Interessant sind diese Regelungen jedoch auch unter Einwanderungsgesichtspunkten: Bei dieser Gruppe genügte als Einwanderungsgrund die über Jahrhunderte vermittelte Abstammung von deutschen Auswanderern und die historische Tatsache, daß Angehörige dieser Bevölkerungsgruppe im und nach dem zweiten Weltkrieg in von den Nazis überfallenen Ländern häufig Unterdrückungs- und Vertreibungsmaßnahmen ausgesetzt waren. Obwohl von Einwanderung und Einwanderungspolitik offiziell nicht geredet wird, hat die deutsche Politik bei dieser Bevölkerungsgruppe ansatzweise das berücksichtigt, was eine geplante und gesteuerte Einwanderung und Einwanderungspolitik an staatlicher Integrationspolitik nach sich ziehen muß und was der ausländischen Wohnbevölkerung bis heute verwehrt blieb: Sprachförderung, Hilfe bei der Wohnungs- und Arbeitssuche, Bildungs- und Ausbildungshilfe, soziale Betreuung und Grundsicherung, Integration in das Sozialversicherungssystem und vor allem das aktive und passive Wahlrecht, um selbst die eigenen Interessen vertreten und im politischen Bereich mitbestimmen zu können.

Über Status und Rechte einer dritten Gruppe von in der Bundesrepublik lebenden Ausländern wurde und wird in den letzten Jahren besonders erbittert gestritten: Ich meine die Kriegsflüchtlinge und die Asylbewerber mit unterschiedlichsten Motiven, die seit der Öffnung des Eisernen Vorhangs aus Ländern Mittelost- und Südosteuropas in großer Zahl in die Bundesrepublik gekommen sind und hier nach Sicherheit und Arbeitsplätzen suchen. Im Unterschied zu den angeworbenen und nachgezogenen ausländischen Arbeitnehmern und ihren Familien und auch den Aussiedlern sind Bleiberechte und Status für die unterschiedlichen Gruppierungen der Flüchtlinge nicht auf Dauer ausgerichtet. Diese Menschen gehören also streng genommen nicht zu den Einwanderern, obwohl sicherlich viele von ihnen gerne auf Dauer in der Bundesrepublik oder in Westeuropa bleiben würden.

Sie alle werden meiner Einschätzung wohl zustimmen, daß unser nationales Asylrecht und auch die Genfer Flüchtlingskonvention nur für jene Flüchtlinge Schutzrechte garantieren, die auf der Grundlage anerkannter Verfolgungsgründe zu uns gekommen sind. Sie werden mir aber auch zustimmen, wenn ich sage, daß die Auseinandersetzung um die Veränderung unserer Asylpolitik und die Umgestaltung des Grundrechts auf Asyl in den vergangenen Jahren zunehmend verantwortungs- und wertelos geführt worden ist. Die Asylpolitik steht in weiten Bereichen vor einem Scherbenhaufen.

Die anerkannten politischen Flüchtlinge, die – übrigens in einer relativ kleinen Zahl – in der Bundesrepublik leben, brauchen aber, solange sie nicht in ihr Heimatland zurückkehren können, bei uns nicht nur Schutz, sondern auch Rechte und Chancen. Außerdem muß – auch auf der Grundlage der verkorksten Neuregelung des Art. 16 a Grundgesetz – die Bundesrepublik Deutschland darauf achten, daß sie ihre Traditionen und Verpflichtungen für Flüchtlinge nicht ganz vergißt: Carlo Schmid und die anderen Frauen und Männer des Parlamentarischen Rates waren sich ihrer Verantwortung für politisch, religiös und rassisch Verfolgte und für die ihnen gleichgestellten Flüchtlinge voll bewußt, als sie Art. 16 in die Verfassung aufnahmen; die menschenfeindliche Politik der Nazis und das schwere Schicksal hunderttausender deutscher Emigranten waren ihnen gut in Erinnerung. Das prägte nicht nur ihre persönliche Haltung, sondern auch die Rechtsgrundsätze unserer Verfassung und die daran gebundene staatliche Politik, auch wenn die wirtschaftlichen Probleme der Nachkriegszeit erheblich größer gewesen sein dürften als unsere aktuellen. Neue Einwanderungsregelungen für diese Menschen sind nicht erforderlich: Können sie nicht in ihr Heimatland zurückkehren, so müssen Einbürgerungsmöglichkeiten und Integrationschancen geschaffen werden, die diesen Menschen ein Leben in der Bundesrepublik und die volle Staatsangehörigkeit ermöglichen.

In den letzten Jahren ist die Zahl der Kriegs- und Bürgerkriegsflüchtlinge in der Bundesrepublik immer mehr angewachsen. Sie hat die der "klassischen" Flüchtlinge, also der aus politischen, religiösen und rassischen Gründen individuell Verfolgten schon weit übertroffen. Diese Flüchtlinge besitzen zwar nach der Genfer Flüchtlingskonvention einen besonderen Status; in der Bundesrepublik gibt es jedoch die lange schon angekündigten Regelungen über diesen besonderen B-Status immer noch nicht. Die meisten dieser Flüchtlinge leben deshalb als ausländerrechtlich schlicht "Geduldete" hier, als Menschen, die eben nicht abgeschoben werden; sie wohnen bei Verwandten oder Bekannten und sorgen selbst für ihren Lebensunterhalt. Nur wenn das nicht geht, stellen sie einen Antrag auf Anerkennung als Asylbewerber, der ihnen wenigstens den jetzt verminderten Teil der Sozialhilfe gewährleistet. Anerkannt freilich werden sie so gut wie nie, weil eben ihr Schicksal in der Ausformulierung des deutschen Asylrechts nicht als schutzwürdig anerkannt wird: Es handelt sich eben nicht um individuelle, besondere und staatliche Verfolgung, sondern um die in einem Krieg oder Bürgerkrieg übliche.

Was solche formaljuristisch nicht unkorrekten, in ihrer Unmenschlichkeit aber zwangsläufig zynisch wirkenden amtlichen Ablehnungsbescheide an neuer Unsicherheit und Angst etwa bei muslimisch-bosnischen Flüchtlingen hervorrufen, die mit Mühe gerade Krieg und Vergewaltigung entronnen sind, das läßt sich leicht ermessen.

Daß diese Gruppe von Menschen zu allem hin außerdem noch sogar als "Asyl-Mißbrauchs-"Fälle in die amtlichen Statistiken eingeht, mit denen die Politik gegen "Schein-Asylanten" oder wie die üblen politischen Kampfbegriffe der Konservativen sonst noch heißen, begründet wird, das zeigt das ganze Ausmaß an Heuchelei, das weitgehend die Diskussion beherrscht. Und dabei wäre Abhilfe so leicht zu finden, gehörte doch die gesetzliche Verankerung des sog. B-Status für Kriegs- und Bürgerkriegsflüchtlinge, also die Schaffung besonderer Regelungen über Einreise und Aufenthalt, über Status, Rechte, Arbeitserlaubnis und soziale Absicherung zu dem Parteienkompromiß vom 6.12.1993 zwischen CDU/CSU, SPD und FDP. Umgesetzt wurde dieser Teil der Vereinbarung bisher nicht.

Was mit den Hunderttausenden von Flüchtlingen aus dem ehemaligen Jugoslawien geschehen soll, die im Augenblick in der Bundesrepublik Schutz gefunden haben, ist deshalb heute nicht abzusehen. Zum einen sind die Aussichten dafür, daß Bund und Länder sich bald auf die Modalitäten für einen B-Status einigen könnten, nicht sehr gut: Der Bund lehnt es bisher kategorisch ab, sich an der Finanzierung der Kosten für diese Menschen zu beteiligen; er überläßt das lieber auch weiter den Ländern und Kommunen, die besonders in Zeiten sowieso steigender Sozialhilfelasten darüber zunehmend ärgerlich werden. Auch die Anrechnung der in einem Land aufgenommenen Kriegsflüchtlinge auf die Zahl quotenmäßig aufzunehmender Asylbewerber wird wohl auf mittlere Frist nicht stattfinden – die Betroffenheit und damit auch die Interessen der einzelnen Bundesländer sind wohl zu unterschiedlich. Bleibt alles wie es ist, so werden die Gemeinden immer stärker belastet und die innenpolitische Diskussion im kommenden Wahljahr zusätzlich angeheizt.

Was schließlich werden soll, wenn der Krieg auf dem Balkan noch länger andauert und eine geordnete Rückführung der Flüchtlinge nicht möglich ist oder wenn nach Ende des Krieges aufgrund der erfolgreichen ethnischen Säuberung ganze Bevölkerungsgruppen wie etwa bosnische Muslime, "gemischte" Familien oder die Angehörigen von Minderheiten nicht in ihre Heimat zurückkehren können, darüber gibt es bisher keine verbindlichen Aussagen. Voraussehen läßt sich lediglich, daß kurzfristig viele neue Probleme auftauchen werden, wenn etwa der Bund, womit zu rechnen ist, das Ende der Duldung, also das Ende des Abschiebestopps für solche Flüchtlingsgruppen, wie beispielsweise Kroaten, verfügen sollte. Dann werden sicherlich nicht alle zurückkehren, vielmehr werden wohl noch mehr als bisher aus dieser Gruppe ins Asylverfahren überwechseln, zwangsläufig überwechseln müssen, weil sie im ehemaligen Jugoslawien eine Lebensgrundlage und Lebensmöglichkeiten im Augenblick nicht finden können. Was dann mit ihnen nach Ablehnung des Asylantrags geschieht, ob vielen dieser Menschen ein dauerhaftes Bleiberecht in der Bundesrepublik mit Einbürgerungsmöglichkeit gewährt werden muß, darüber hat die öffentliche Diskussion noch nicht begonnen. Ich sehe das voraus.

Ich halte als Zwischenergebnis fest: In der Bundesrepublik hat es während der vergangenen Jahrzehnte und in der jüngsten Zeit verstärkt drei Einwanderungswellen gegeben: die Anwerbung ausländischer Arbeitnehmer seit den 60er Jahren, die noch andauernde Aufnahme von Aussiedlern und die Kriegs- und Bürgerkriegsflüchtlinge. Wer bestreitet, daß die Bundesrepublik ein Einwanderungsland ist, muß als realitätsblinder Träumer oder als Ideologe gelten, der möglicherweise andere politische Zwecke mit seiner Aussage verfolgt. Ansätze für eine gezielte und geplante Einwanderungspolitik mit nachfolgender Integrationsförderung gibt es lediglich bei der Aussiedlereinwanderung. Zweitens: Gleichstellung und politische Rechte, Erleichterung bei Erwerb der

Staatsbürgerschaft unter Hinnahme der bisher im Grundsatz abgelehnten Doppelstaatsangehörigkeit sowie die Ergänzung des Abstammungsprinzips durch das Territorialprinzip im Staatsangehörigkeitsrecht ist im Hinblick auf die ausländische Wohnbevölkerung vordringlich. Diese Veränderungen werden erhebliche Auswirkungen auf die dauernde Integration von hier lebenden Ausländergruppierungen haben. Drittens: Ein gesichertes Bleiberecht mit angemessenem sicheren Rechtsstatus für Kriegs- und Bürgerkriegsflüchtlinge sowie eine humane und völkerrechtsmäßige Flüchtlingspolitik gegenüber Asylbewerbern müssen in der Bundesrepublik wieder auf die politische Tagesordnung.

Und nun zum zweiten Teil der Fragestellung: Welcher Raum bliebt für eine Einwanderungspolitik, von wem sollte sie ausgehen und wie sollte sie aussehen?

Lassen Sie mich nochmals auf die Bundesrepublik als Einwanderungsland zurückkommen: Aus der nicht zu bestreitenden Tatsache, daß wir in der Vergangenheit eines waren und bis heute eines sind, folgt ja nicht automatisch, daß das auch für die Zukunft gelten muß oder soll. Wie steht es damit?

Es gibt wichtige Stimmen, die sich für eine gezielte und geplante Einwanderung in die Bundesrepublik auch in der Zukunft aussprechen, also die Bundesrepublik auch künftig als Einwanderungland sehen wollen. Sie verweisen auf die absehbar ungünstige Bevölkerungsentwicklung der Bundesrepublik in den kommenden Jahrzehnten, die zunehmend zu Überalterung führe und damit unsere gesamten Sozialversicherungssysteme zusammenbrechen lasse, wenn nicht Einwanderung die strukturelle Deformation korrigiere. Sie zitieren Statistiken über die unbesetzten Arbeitsplätze der Zukunft und begründen damit zusätzlich die Notwendigkeit einer gezielten Einwanderungspolitik. Andere begründen ihr Eintreten für Einwanderungsregelungen für Deutschland und Westeuropa mit den weltweit ständig ansteigenden Flüchtlingsströmen. Hier müsse geholfen werden; auch unsere Weltregion müsse durch Aufnahme eines gewissen kontinuierlichen Kontingentes seinen Beitrag zur Bewältigung des Flüchtlings- und Armutsproblems leisten.

Ich setze dagegen die These, daß die Entscheidung darüber, ob die Bundesrepublik in Zukunft ein Einwanderungsland sein wird, weniger durch Bekenntnisse oder normative Festlegungen getroffen werden kann, als durch Fakten ganz anderer Art: Die Bundesrepublik – übrigens auch die anderen Länder West- und Nordeuropas – werden dann weiter Zielpunkt für Einwanderung in großem Umfang sein, wenn auf der einen Seite der Zuwanderungsdruck aus unseren Nachbarregionen in Ost- und Südosteuropa und aus dem Mittelmeerraum mit seinem starken Bevölkerungswachstum weiter besteht oder sogar zunimmt und wenn andererseits die Möglichkeit einer Unterbindung der Zuwanderung durch effiziente Grenzbarrieren nicht besteht oder in seiner letzten Konsequenz nicht gewollt wird.

Betrachten wir die erste Voraussetzung, den Zuwanderungsdruck. Er hängt mit Sicherheit in erster Linie von den Lebensbedingungen der Bevölkerung in diesen Ländern ab. Sind sie schlecht, werden sie schlechter, insgesamt oder auch für eine ethnische Minderheit, dann steigt der Wunsch, woanders für sich und seine Familie ein besseres Leben aufzubauen. Abbauen können diesen Druck nur wirksame Maßnahmen zur wirtschaftlichen Stabilisierung in der Region, also Arbeitsplätze, bessere Handelsbeziehungen und bessere Zukunftschancen, verbunden mit einer Minderheitenschutzpolitik.

Betrachten wir jetzt die Möglichkeit der Errichtung wirksamer Grenzbarrieren, die ja als Voraussetzung jeder nationalen oder regionalen Politik zur Einwanderungsbegrenzung vorhanden sein müssen: In den vier Jahrzehnten nach dem zweiten Weltkrieg war der Eiserne Vorhang durch Europa mit Mauer, Stacheldraht und Schießbefehl das einzige wirksame Hindernis für Massenmigration. Wo er durchlässig war, z.B. vor dem Bau der Mauer in Berlin, setzte die Massenemigration aus den ärmeren östlichen Regionen sofort ein. Nach dem Bau der Mauer brach diese Migration weitgehend ab, solange der Eiserne Vorhang bestand, setzt dann aber in der zweiten Hälfte der 80er Jahre und dann ab Sommer 1989 wieder verstärkt ein, als Mauer und Stacheldraht endgültig zusammenbrachen.

Was folgt daraus? Es folgt daraus die Erkenntnis, daß diejenigen, die für offene Grenzen in Westeuropa, für druchlässige Grenzen nach und in Osteuropa plädieren, wissen müssen, daß Migration aus ausgeprägten Armutsregionen sowie aus Bürgerkriegs- und Kriegsregionen in erreichbare Regionen mit meßbar höherem Lebensstandard durch nationale oder europäische gesetzliche Regelungen über Einwanderung, Bleiberecht und durch die Höhe der sozialen Absicherung bei uns nicht verhindert, sondern höchstens in begrenztem Umfang zahlenmäßig gesteuert werden kann. Auch die USA – ein klassisches Einwanderungsland im übrigen – haben dies an ihrer kalifornischen Südgrenze zu Mexiko in den letzten Jahren erfahren: Das riesige Wohlfahrtsgefälle zwischen beiden Staaten, der Bedarf an sozial nicht abgesicherten und schlechtest bezahlten Arbeitskräften in der kalifornischen Landwirtschaft führten trotz monströser Grenzsperren mit Gräben und Zäunen, mit Alarmanlagen, Hunden und Helikoptern, allerdings ohne Schießbefehl, zu kontinuierlich ansteigenden Einwanderungszahlen aus Mexiko. Eine Teil dieser Illegalen wurde zwar an den Grenzbefestigungen oder im Hinterland aufgegriffen und auch zurückgeschickt, die anderen jedoch, nach Auskunft der US-Behörden der größere Teil, tauchten in den USA unter und werden in regelmäßig wiederkehrenden Legalisierungsaktionen eben als Einwanderer anerkannt.

Betrachten wir die Lebensbedingungen in unseren östlichen und südöstlichen Nachbarregionen und auch am südlichen Ufer des Mittelmeers realistisch, so fällt die Parallele auf; die Vermutung drängt sich auf, daß wir in West- und Nordeuropa, auch in der Bundesrepublik selbst dann mit einem erheblichen Maß an Einwanderung rechnen müssen, wenn nicht zusätzliche Faktoren wie Hunger- oder Umweltkatastrophen, Revolutionen oder Bürgerkriege die Lebensbedingungen plötzlich weiter verschlechtern – unabhängig davon, ob die auf Deutschland bezogenen demographischen Vorausschätzungen der Bevölkerungswissenschaftler wirklich bedrohlich sind oder ob – was anzunehmen ist – die dauerhaft hohe Arbeitslosigkeit in der Bundesrepublik die Arbeitsmöglichkeiten von Zuwanderern auf absehbare Zeit dramatisch verschlechtern und damit auch den Sogeffekt vermindern.

Einwanderungsregelungen werden bestenfalls steuern können. Auch wenn bald Einwanderungsregelungen in Kraft treten würden, müßte neben Asylbewerbern und Kriegsflüchtlingen und Einwanderern mit zusätzlichen Menschen gerechnet werden, die auch versuchen würden, hier Fuß zu fassen. Diese illegal Eingereisten oder – nach Ablauf ihrer Einreiseberechtigung – Hiergebliebenen oder besser gesagt, die Irregulären würden dann, wenn sie aufgegriffen werden, abgeschoben werden. Daß dies einen erheblichen Aufwand mit sich bringt und sich – sofern sich die Lebensbedingungen in den Heimatländern nicht verbessern – letztlich als ebenso frustrierendes Wiederholungsgeschäft erweisen könnte wie an der Grenze zwischen den USA und Mexiko, leuchtet ein.

Sind somit Einwanderungsregelungen, ist folglich die in der Überschrift angepeilte Einwanderungspolitik wegen Aussichtslosigkeit ihrer Durchführung von vornherein überflüssig? Können wir deshalb unsere Bemühungen auf diesem Gebiet einstellen?

Meine Antwort auf diese Frage lautet nein, aber wir dürfen nicht zu viel von solchen Regelungen erwarten und sollten dies bei unserer politischen Schwerpunktsetzung berücksichtigen: Auch aus diesem Grunde sollte, wenn nötig, den Regelungen zur Gleichstellung der ausländischen Wohnbevölkerung und zur sinnvollen Erneuerung unseres Staatsangehörigkeitsrechts Priorität eingeräumt werden.

Doch jetzt zu den Einzelfragen im Zusammenhang mit der Einwanderungspolitik:

Wer soll in Einwanderungsfragen zukünftig entscheiden, die Europäische Union oder die Nationalstaaten selbst? Derzeit ist klar, daß keiner der Mitgliedsstaaten der EU die Absicht hat, sich solche Entscheidungen durch Brüssel aus der Hand nehmen zu lassen; die Regelungen des Maastrichter Vertrages sehen ja Zusammenarbeit und Abstimmung der nationalen Regelungen, nicht aber eine eigene Kompetenz der EU-Gremien vor. Sinnvoll jedoch ist einzig ein einheitlicher europäischer Rahmen, ob nun auf dem Wege der Vereinheitlichung nationaler Regelungen oder durch genuin europäische – die offenen Grenzen innerhalb der EU lassen dies zunehmend unabdingbar erscheinen. Bisher war bekanntlich auch die Abstimmung schwierig bis unmöglich: Zu viele EU-Staaten konnten sich in ihrer geographischen Lage getrost hinter den schutzbietenden Grenznachbarn Bundesrepublik Deutschland – und künftig Österreich – gegen die Migration aus dem Osten und hinter Spanien, Portugal, Italien oder Frankreich gegen die Einwanderung aus dem Maghreb absichern. In Zukunft wird dies schwieriger werden – anhaltender Einwanderungdruck vorausgesetzt. Im gleichen Maße wird dann auch die Bereitschaft zur Abstimmung nationaler Politiken auf diesem Gebiete wachsen. Schnell allerdings wird das nicht gehen. Schnell kann es auch nicht gehen, weil zu viele der Grundprinzipien noch nicht einheitlich beurteilt werden. Ich beispielsweise habe seit zwei Jahren kontinuierlich versucht, wenigstens im Rahmen der sozialdemokratischen Parteien Westeuropas, die in der SPE zusammengeschlossen sind, auf die Erarbeitung einheitlicher Grundsätze zu drängen. Der Erfolg ist bisher bescheiden, obwohl mittlerweile alle diese Parteien von der Notwendigkeit der Entwicklung einheitlicher Grundsätze ausgehen.

Übereinstimmung ist noch verhältnismäßig leicht bei der Entscheidung der ersten Frage zu finden: Asylrecht ist Grund- und Menschenrecht, ein individuelles Recht auf Einwanderung jedoch gibt es außerhalb der geltenden völkerrechtlichen Regelungen nicht. Wer auswandern und in ein anderes Land einwandern will, muß das Verfahren aus dem Heimatland betreiben.

Einverständnis wird wohl auch in der Frage erzielt werden können, daß Einwanderungspolitik und Einwanderungsregelungen nicht die geeignetsten Instrumente sind, um dem UNHCR (United Nations High Commissioner for Refugees) bei seiner Aufgabe zu helfen. Höhere finanzielle Leistungen an den UNHCR und zusätzliche begrenzte nationale Aufnahmekontingente auf Bitten des UNHCR aus humanitären Gründen wären wirksamer.

In allen weiteren Fragen reicht die Diskussion in diesem europäischen Kontext ebensowenig über den Anfang hinaus, wie die der Bundesrepublik: Welche Zahl pro Einwanderungsland und Auswanderungsland im Jahr berücksichtigt werden sollte, ob das über Aufnahme- und Entsendequoten geregelt werden könnte oder besser über individuelle Arbeitsanforderung für auch bei Berücksichtigung des Vorrangs des regionalen, nationalen und EU-weiten Arbeitsmarktes nicht zu besetzbare Stellen – das alles ist noch längst nicht ausreichend erörtert.

Ich denke mir, daß Sie in den kommenden Tagen Gelegenheit nehmen werden, diese Diskussion zu beeinflussen, und will meine Haltung nur noch kurz einfließen lassen: Ich plädiere für diesen Weg der individuellen Arbeitsimmigration mit Einbürgerungsmöglichkeit nach einigen Jahren. Ich halte Quoten für problematisch und wenig durchführbar, übrigens auch dann, wenn wir gleichzeitig anerkennen würden, daß die Zahl der Aufzunehmenden schon wegen der Freizügigkeitsrechte der EU-Arbeitnehmerinnen und Arbeitnehmer wie auch der Niederlassungsfreiheit sorgfältig innerhalb der EU abgestimmt und festgelegt werden muß. Bei Quoten müßten zusätzlich die jeweils vorhandenen Infrastrukturvoraussetzungen, hauptsächlich also Wohnungen und Bildungsmöglichkeiten kontinuierlich erhoben und bewertet werden; es müßte berücksichtigt werden, daß zu viele der Aktiven, gut Ausgebildeten aus einem Auswanderungsland oder aus einem Berufsbereich eines Landes nicht abgezogen werden dürfen, wenn dort nicht die Infrastruktur ins Wanken gebracht und damit der allgemeine Auswanderungsdruck zusätzlich erhöht werden soll. Diese und andere Fragen würden mit Sicherheit einen erheblichen behördlichen Abschätzungs-, Verwaltungs- und Entscheidungsaufwand erfordern, der den Nutzen der absehbaren Zahl der benötigten Einwanderer weit überstiege.

Die Fortsetzung der Arbeitseinwanderung so wie sie seit Jahren in der Bundesrepublik betrieben wird, allerdings gekoppelt an Einbürgerungszusagen nach einer festzulegenden Zahl von Jahren und mit zusätzlichen Integrationsmaßnahmen, wie wir sie aus der Aussiedlerintegrationspolitik kennen, halte ich für den besseren und auch einfacheren Weg, ihn europäisch abzustimmen und durchzusetzen trotz aller Klippen und Hindernisse für leichter und für sinnvoller.

Ich komme zum Schluß: Brauchen wir eine neue Einwanderungspolitik? – so lautete die Frage. Meine Antwort: Ja, wir brauchen eine Einwanderungspolitik, die auf individuelle Arbeitseinwanderung abstellt und damit die Aussicht der Einbürgerung verbindet. National regelbar ist das für die EU-Staaten alleine nicht mehr, Einwanderungspolitik muß europäisch abgestimmt sein.

Nötig, ja vordringlich, sind jedoch weitere Modernisierungen unserer Rechtsordnung: Die angeworbenen Arbeitnehmer – Einwanderer der letzten Jahrzehnte – brauchen endlich gleiche Rechte und bessere Chancen zur Integration in der Bundesrepublik; die Schaffung eines gesicherten gesetzlichen Bleiberechts im Rahmen eines B-Status für Kriegs- und Bürgerkriegsflüchtlinge und die Praktizierung eines vernünftigen und humanen Asylrechts nicht nur auf dem Papier muß endlich auf die politische Tagesordnung.

Ursula Mehrländer
Günther Schultze

Einwanderungskonzept für die Bundesrepublik Deutschland[1]

(...)

2. Die Bundesrepublik Deutschland: Einwanderungsland neuen Typs

2.1 Zuwanderung: Ein komplexes System

Die Bundesrepublik Deutschland sei kein Einwanderungsland, ist die Behauptung der Bundesregierung. Dies ist die Prämisse, die der Ausländerpolitik zugrunde liegt und die weitgehende Konsequenzen für die praktische Ausgestaltung dieses Politikbereiches hat. Die Diskussionen um den Begriff der Einwanderung, wie er zu definieren und interpretieren ist, haben nicht in erster Linie eine theoretische und wissenschaftliche Relevanz. Vielmehr entscheidet der Ausgang dieser letztlich politischen Auseinandersetzung, welche Regelungen für die Einreise bzw. Zurückweisung neuer Migranten getroffen werden bzw. wie die bei uns lebenden Zuwanderer behandelt werden.

Hier wird bewußt der umfassendere Begriff einer Zuwanderungspolitik anstelle des bisher üblichen Ausdrucks "Ausländerpolitik" verwendet, um deutlich zu machen, daß eine Neuorientierung im politischen Denken erforderlich ist. Es kommt darauf an, den Gesamtkomplex der Wanderungsbewegungen, mit denen unsere Gesellschaft konfrontiert ist, ins Blickfeld zu nehmen und nicht einzelne Problembereiche bzw. Zuwanderergruppen zu isolieren und zum Gegenstand nicht aufeinander

---

[1] Auszüge aus: U. Mehrländer, G. Schultze, Einwanderungskonzept für die Bundesrepublik Deutschland. Fakten, Argumente, Vorschläge. Nr. 7 der Reihe: Gesprächskreis Arbeit und Soziales, Bonn 1992.

abgestimmter politischer Regelungssysteme zu machen (Vorstand der SPD 1991).

Die Ausländerpolitik bezog sich in der Vergangenheit in erster Linie auf die Gruppe der Arbeitsmigranten aus den Mittelmeerländern. Die Asylpolitik beschäftigte sich mit der Regelung der Aufnahme von Flüchtlingen. Im Grundgesetz wurde ein individueller Anspruch auf Asylgewährung bei politischer Verfolgung verankert (Artikel 16 GG). Dieser innerhalb der Staatengemeinschaft einzigartige Rechtsanspruch auf Asylgewährung beruht auf den leidvollen Erfahrungen vieler politisch Verfolgter im Nazi-Deutschland.

Die dritte, häufig ausgeklammerte Zuwanderungsgruppe, sind Aussiedler aus den ehemaligen deutschen Ostgebieten, die noch die deutsche Staatsangehörigkeit besitzen oder sich zur deutschen Volkszugehörigkeit bekennen. Bis zur Vereinigung Deutschlands kam darüber hinaus die Übersiedlerzuwanderung aus der DDR hinzu.

Die weitgehende Trennung dieser vier Politikbereiche hatte u.a. die Funktion, zwischen erwünschten und unerwünschten Zuwanderergruppen zu unterscheiden und je nach (partei-)politischen Zielsetzungen die eine oder andere Gruppe zum Gegenstand öffentlicher Auseinandersetzungen zu machen. Die Zuwanderungsthematik eignet sich besonders gut für wahltaktische Überlegungen, weil es ein hochgradig emotional besetztes Thema ist und die sich oftmals verwischenden Konturen zwischen den Parteien wieder deutlicher sichtbar werden läßt. Diese Emotionalität steht einer sachbezogenen, der Problematik angemessenen, differenzierten Analyse entgegen.

Eine ganzheitliche Betrachtung dieser verschiedenen Zuwanderungsgruppen ist allein deshalb geboten, weil sich in den Kommunen die durch die Zuwanderung zweifellos entstehenden Probleme kumulieren und in ihrer Gesamtheit bearbeitet und gelöst werden müssen (Welt 1992). Die Beweggründe für die einzelnen Gruppen und Menschen, ihre Heimat zu verlassen und nach Deutschland einzureisen, sind sicherlich sehr vielfältig, ebenso wie die kulturellen, familiären und sozialen Hintergründe. Sie erfordern zielgruppenspezifische Formen der Integrationshilfen. Dessen ungeachtet ist es ein Ergebnis der Migrationsforschung, daß unabhängig von dem jeweiligen kulturellen Hintergrund der Wandernden, vergleichbare Problemfelder und Typen von Eingliederungsprozessen bei allen Zuwanderern zu beobachten sind. Sowohl in Aussiedlerfamilien als auch in Familien von Arbeitsmigranten sind familiäre Spannungen, Orientierungs- und Eingewöhnungsprobleme und Generationskonflikte beobachtbar (Bade 1990: 12ff.). Unterschiedliche Rechtsstellungen und Integrationsangebote lassen sich mit Hinweisen auf Kulturaffinitäten bzw. Kulturkonflikte nicht legitimieren.

2.2 Deutschland ist Einwanderungsland

Die Verhältnisse und politischen Ziele in Deutschland sind mit denen in "klassischen Einwanderungsländern" wie USA, Kanada und Australien sicherlich nicht zu vergleichen. Die ursprünglichen "alten" Einwanderungsgruppen bilden dort die Mehrheitsgesellschaft und waren an der Konstitution des ökonomischen und politischen Systems beteiligt. Einwanderung bedeutete dabei die freiwillige Entscheidung, sein Herkunftsland zu verlassen, sich auf Dauer im Einreiseland niederzulassen und endete in der Regel mit der Annahme der neuen Staatsangehörigkeit. Dies darf aber nicht gleichgesetzt werden mit einer kulturellen Assimilation und einem Verschwinden der ethnisch definierten Identität im "Schmelztiegel" der Kulturen. Das Bild der "Salatschüssel" mit unterschiedlichen Farbtupfern ist eher geeignet, die Realität in diesen Ländern widerzuspiegeln. Auch in ihnen existieren heute noch ethnische Segregationen und ethnische Schichtungen (Elschenbroich 1986).

Der Prozeß der Einwanderung von Arbeitsmigranten aus dem Mittelmeerraum nach Deutschland nahm einen anderen Verlauf als die Wanderungsbewegungen in die klassischen überseeischen Einwanderungsländer. Er ist ein Musterbeispiel dafür, daß sich soziale Tatbestände entwickeln, ohne daß die beteiligten Akteure diese intendierten (Esser 1980). Vor allem läßt sich zeigen, daß die getroffenen politischen Maßnahmen und Entscheidungen nicht in der Lage waren, die Prozesse zu steuern und in die gewünschte Richtung zu beeinflussen.

Sowohl die Arbeitsmigranten selbst als auch die Bundesregierung und die relevanten gesellschaftlichen Gruppen gingen zu Beginn der Zuwanderung in den 50er und 60er Jahren von einem zeitlich befristeten Aufenthalt aus. Ökonomische Aspekte waren auf beiden Seiten die ausschlaggebenden Handlungsmotive. Eine dauerhafte Einwanderung war nicht beabsichtigt. Durch das Hinausschieben der Rückkehr in die Herkunftsländer und durch den Nachzug von Familienangehörigen verlagerte sich nach und nach der Lebensmittelpunkt der Arbeitsmigranten in die deutsche Gesellschaft (Mehrländer 1974). Verstärkt wurde dieser Prozeß durch politische Entscheidungen, wie z.B. dem Anwerbestopp bei gleichzeitigem Verbot, nach einer Ausreise wieder als Arbeitsmigrant einreisen zu dürfen. Aus dem geplanten kurzfristigen Aufenthalt der ausländischen Arbeitnehmer und ihrer Familien ist ein Daueraufenthalt geworden. Folgende Faktoren belegen, daß eine de facto Einwanderungssituation gegeben ist:

- Die Aufenthaltsdauer der Arbeitsmigranten und ihrer Familienangehörigen hat sich trotz anhaltender Fluktuation erhöht. 1990 lebten 70 % der Ausländer aus den ehemaligen Anwerbeländern bereits länger als zehn Jahre und 52 % schon länger als 15 Jahre im Bundesgebiet.

- Mit dem Nachzug der Familienangehörigen haben sich auch die Konsumgewohnheiten der Migranten geändert. Das Erwerbseinkommen wird nicht mehr ausschließlich gespart, um eine Existenz im Heimatland aufbauen zu können; vielmehr werden langlebige Konsumgüter gekauft, und der Lebensstandard der Arbeitsmigranten gleicht sich dem von Deutschen an (König, Schultze, Wessel 1986: 178ff.).

- Bereits 1987 waren von den ca. 1,03 Mio. ausländischen Kindern unter 16 Jahren 69 % in der Bundesrepublik Deutschland geboren. Während die zweite Generation noch relativ häufig sowohl in den Herkunftsländern als auch in Deutschland Schulen besuchte und folglich im Vergleich zu Einheimischen schlechtere Schulabschlüsse vorzuweisen hatte, durchläuft die dritte Generation das deutsche Schulsystem von Beginn an. Trotz der nach wie vor bestehenden

Benachteiligungen deutet sich an, daß das Bildungsniveau der Migrantenkinder deutlich ansteigt und bereits heute ein größerer Anteil auf höheren Schulen zu verzeichnen ist (Schultze 1990; ders. 1991).

– In zahlreichen Städten sind ethnische Gemeinschaften entstanden, die den Einwanderern bei der Bewältigung ihrer Alltagsprobleme wertvolle Hilfestellungen geben können. Diese ethnischen Gemeinschaften erfüllen vielfältige kulturelle und ökonomische Bedürfnisse der Migranten und sind konstitutiver Bestandteil von Einwanderungsgesellschaften, wie dies am Beispiel der klassischen Einwanderungsländer sichtbar wird (Heckmann 1981).

– Mit zunehmender Aufenthaltsdauer und Verlagerung des Lebensmittelpunktes der gesamten Familie nach Deutschland verringern sich auch die Rückkehrabsichten. Bei der zweiten und dritten Generation nimmt die Neigung, wieder in das Land ihrer Eltern zurückzukehren, deutlich ab, und es erfolgt eine eindeutige Orientierung und Lebensplanung hin zu der deutschen Gesellschaft (Schultze 1990: 174f.).

Diese Indikatoren beweisen, daß die Migranten aus den Anwerbeländern ihren Lebensmittelpunkt in die Bundesrepublik Deutschland verlagert haben. Die widersprüchliche Ausländerpolitik, ihr Ausschluß von zentralen gesellschaftlichen Entscheidungsprozessen und die erlebten Benachteiligungen und Diskriminierungen haben bei vielen zu einer ambivalenten Haltung gegenüber unserer Gesellschaft geführt. Selbst bei jenen, die sich weitgehend in die Arbeitswelt, in das Schul- und Freizeitsystem eingegliedert haben, ist nicht von einer emotionalen, identifikativen Assimilation auszugehen. Besonders bei denjenigen Migranten der zweiten und dritten Generation, die als Migrationsverlierer bezeichnet werden können, also durch Merkmale wie unzureichende Schulabschlüsse, Arbeitslosigkeit, gering bezahlte, ungesicherte Beschäftigungsverhältnisse gekennzeichnet sind, herrschen relativ starke Gefühle der Verbitterung und Frustration (Schultze 1990: 162ff.). Es ist jedoch falsch, ja sogar zynisch, diesen heranwachsenden Migranten Schuldvorwürfe zu machen. Vielmehr sind diese Entwicklungen Aus-

druck einer verfehlten Ausländerpolitik, die den Randgruppenstatus dieser Zuwanderer lange Jahre gefördert hat und nicht rechtzeitig auf die veränderten Lebensperspektiven der Familien reagierte.
(...)

3. Vorschläge für ein ganzheitliches Einwanderungskonzept der Bundesrepublik Deutschland

3.1 Notwendigkeit einer neuen, ganzheitlichen Konzeption für eine Zuwanderungspolitik

Die bisherige Ausländer- und Flüchtlingspolitik gleicht einem Scherbenhaufen. Die selbstgesteckten Ziele, z.B. die Begrenzung weiterer Zuwanderungen, konnten nicht eingelöst werden. Die sozialen Spannungen in den Gemeinden sind im letzten Jahrzehnt eher größer als kleiner geworden. Nach wie vor sind viele seit langem bei uns lebende Migranten von einer gleichberechtigten Teilhabe an gesellschaftlichen Entscheidungsprozessen ausgeschlossen und isolieren sich bewußt oder unbewußt von den Einheimischen. Dies ist zu einem wesentlichen Teil einer Politik geschuldet, die es versäumt hat, anzuerkennen, daß Deutschland ein Einwanderungsland geworden ist und sogar auf die Zuwanderung aus ökonomischen Gründen angewiesen ist. Als wohlhabendes Industrieland im Herzen Europas hat Deutschland darüber hinaus die Veantwortung, einen Beitrag zur Linderung der weltweiten Flüchtlingsproblematik zu leisten.

Es ist die Verbindung von falschen Diagnosen und Prognosen, kurzfristigen Gesetzesinitiativen und widersprüchlichen Zielformulierungen bei gleichzeitigem Anspruch, "Herr der Prozesse" sein zu können, die die Kritik und den Mißmut vieler Bürger verständlich werden lassen. Die Politik hat es versäumt, in der Bevölkerung die Akzeptanz für eine Öffnung unserer Gesellschaft gegenüber Zuwanderungsgruppen und sich daraus entwickelnden ethnischen Minderheiten zu fördern. Statt dessen verstärkt sich der Eindruck, daß nationale Abschottungstendenzen zunehmen und ethno-zentristische Weltbilder wieder die Oberhand gewinnen. Der Parteienstreit um das Asylrecht, dessen juristische Spitzfindigkeiten nur von einer Minderheit der Bevölkerung nachvollzogen werden können, ohne daß bei diesem Streit eine gesellschaftliche Perspektive, eine gesellschaftliche Vision der weiteren Entwicklung deutlich wird, verstärkt sicherlich die Staats- und Parteiverdrossenheit vieler Bürger.

3.2 Erfordernis eines neuen politischen Selbstverständnisses

Die Vereinigung Deutschlands bringt vielfältige neue Aufgaben und Belastungen in den alten und neuen Bundesländern mit sich. Der Aufbau in den neuen Ländern erfordert eine gewaltige Kraftanstrengung, deren Größenordnung jetzt erst für alle deutlich wird. Dies darf aber nicht dazu führen, daß sich die Bundesrepublik Deutschland nur auf ihre nationalen Probleme konzentriert und ihre Verantwortung in der Staatengemeinschaft vernachlässigt. Mit der Vereinigung ist zweifellos die politische Bedeutung Deutschlands in der Welt gestiegen. Eine Abkapselung und das Erstarken nationaler Engstirnigkeiten darf nicht die Folge des Vereinigungsprozesses sein. Die Lage im "Herzen Europas" und unsere wirtschaftliche Stärke erfordern, daß wir den im Rahmen der EG eingeleiteten europäischen Vereinigungsprozeß aktiv mitgestalten und vor allem auch die ost- und südosteuropäischen Staaten bei der Neugestaltung und Demokratisierung ihrer Gesellschaften ideell und materiell unterstützen. Nur dies und nicht die Errichtung neuer Mauern kann die prognostizierten "Armutswanderungen" aus Osteuropa verhindern helfen (Hönekopp 1992 und 1991; Biermann 1992).

3.3 Bekämpfung der Fluchtursachen

Erstes Ziel muß es sein, die Ursachen zu bekämpfen, die Menschen veranlassen, ihre Heimat zu verlassen, um in anderen Ländern Schutz zu finden (Brandt 1991). In Abschnitt 1.3 ist bereits auf die Vielfalt der Fluchtursachen, ihre Komplexität und die Dimensionen der Weltflüchtlingsproblematik hingewiesen worden. Es ist offensichtlich, daß diese Probleme nicht von einem Staat allein, sondern nur in einer gemeinsamen Anstrengung der wohlhabenden Länder einer Lösung näher gebracht werden können. Auf nationaler Ebene ist eine Konzeption von Entwicklungshilfe notwendig, die die ökologischen und sozialen Faktoren, die Fluchtbewegungen verursachen, stärker berücksichtigt. Erste Ansätze einer Umorientierung sind in der Flüchtlingskonzeption der Bundesregierung vom September 1990 erkennbar. Dort wird eine stärkere Verzahnung der Aktivitäten verschiedener Ministerien gefordert und als Ziel eine Entwicklungs- und Wirtschaftshilfe formuliert, die verstärkt Fluchtursachen bekämpfen will. Dies kann aber nur erreicht werden, wenn die materiellen Ressourcen für diesen Politikbereich aufgestockt werden. Die Vorgabe der Vereinten Nationen, daß jedes Land 0,7 % des Bruttosozialproduktes für Entwicklungshilfe zur Verfügung stellen soll, erreicht die Bundesrepublik Deutschland nicht. Ihr Anteil beträgt lediglich 0,39 %. Weiterhin ist eine intensivere internationale Kooperation notwendig, um Fluchtursachen wirksam bekämpfen zu können. Gremien und Institutionen, wie die Vereinten Nationen und die KSZE, und eine gemeinsme Außenpolitik der EG-Staaten müssen in ihren politischen Zielsetzungen verstärkt die Verhinderung der Fluchtbewegungen berücksichtigen.

3.4 Bekenntnis zur Einwanderungsgesellschaft

Selbst wenn die Bemühungen zur Bekämpfung der Fluchtursachen drastisch verstärkt werden, ist nicht mit schnellen Erfolgen zu rechnen. Es ist weiterhin davon auszugehen, daß entweder viele Menschen freiwillig nach Deutschland einwandern wollen oder aus den verschiedensten Gründen nach Deutschland fliehen müssen. Die Bundesrepublik Deutschland darf sich diesen Menschen nicht verschließen und muß in einem gesellschaftlich zu verantwortenden Ausmaß für diese Zuwanderungen offen sein. Daß dies nicht allein aus humanitären Gründen geboten, sondern auch für die weitere ökonomische und soziale Entwicklung unserer Gesellschaft notwendig ist, wurde oben ausgeführt.

Es wird Zeit, daß wir endlich anerkennen, daß Deutschland ein Einwanderungsland - wenn auch "neuen Typs" - ist und daß ethnische Minderheiten ein fester Bestandteil unseres Gemeinwesens sind. Die Offenheit gegenüber Minderheiten erfordert ein nationales Selbstverständnis, das Volk nicht über Abstammung und Blutsverwandtschaft definiert, sondern über gemeinsame Grundüberzeugungen. "Verfassungspatriotismus" und nicht deutsch-nationale Überlegenheitsgefühle sind gefordert.

3.5 Zuwanderung ist gestaltbar

Wie erwähnt, beschränkten sich die legalen Möglichkeiten, in die Bundesrepublik Deutschland einzureisen, nur auf bestimmte Gruppen von Ausländern, wie z.b. EG-Anghörige und nahe Familienangehörige hier lebender Ausländer. Ungehindert war hingegen, zumindest bis vor kurzem, der Zuzug von Aussiedlern möglich. Unsere These ist, daß die Zahl der Personen, die Asyl beantragen, sinken wird, wenn für Einwanderer und Flüchtlinge neue Wege und Formen der Einreise und der rechtlichen Absicherung des Aufenthaltes möglich werden.

Gefordert ist ein umfassendes Enwanderungsgesetz, das sich auf alle Kategorien von Zuwanderern bezieht, und das mit dem Asylverfahren verzahnt werden muß. Die Initiative zu diesem Gesetz sollte von den demokratischen Parteien ergriffen werden. Dies kann dazu beitragen, die Akzeptanz der Bevölkerung für eine derartige Konzeption der Einwanderungspolitik zu erhöhen. Wichtig ist außerdem, in der Vorbereitungsphase dieses Einwanderungskonzeptes die relevanten gesellschaftlichen Gruppen, wie Gewerkschaften, Arbeitgeberverbände, Flüchtlings- und Migrantenorganisationen, Kirchen, Wohlfahrtsverbände, Wissenschaftler usw. einzubeziehen, wie dies z.B. in Kanada der Fall ist (Immigration Canada 1991; Körner 1990: 151ff.). Zur Umsetzung in Verwaltungshandeln und zur laufenden Aktualisierung dieser Einwanderungspolitik bedarf es darüber hinaus neuer politischer Institutionen und Ämter, um die Rationalität politischen Handelns gewährleisten zu können. Ziel muß es sein, nicht mehr allein defensiv auf die Herausforderungen zu reagieren und restriktive Maßnahmen zur Verhinderung der Einreise zu ergreifen, sondern aktiv darüber zu entscheiden, in welchem Rahmen eine Steuerung der Zuwanderung vorgenommen werden soll (Vorstand der SPD 1991).

Die folgenden Vorschläge sind als Diskussionsanreize gedacht und bedürfen der Ergänzung und der inhaltlichen Präzisierung. Sie sollen aber die "Richtung" für zukünftige politische und gesellschaftliche Aktivitäten weisen.
(...)

3.8 Einwanderungsgesetz

Wir schlagen vor, ein Einwanderungsgesetz zu verabschieden, welches festlegt, welchen Personengruppen die Einwanderung und Einreise nach Deutschland gestattet wird, wie die rechtsstaatlichen Aufnahmeverfahren organisiert werden sollen und wie eine Eingliederung der Neueinwanderer in unsere Gesellschaft unterstützt und gefördert werden kann.

Die erste Komponente des Planungsprozesses muß es sein, eine Höchstgrenze der Einwanderungen festzulegen, für die unsere Gesellschaft die wirtschaftlichen und sozialen Voraussetzungen eines menschenwürdigen Lebens gewährleisten kann. Zur Bestimmung dieser Zahl ist eine Abstimmung zwischen Bund, Ländern und Gemeinden und relevanten gesellschaftlichen Gruppen notwendig. Zu denken ist hierbei an längerfristige Konzepte, z.B. Fünfjahrespläne, wie sie auch in den klassischen Einwanderungsländern wie USA und Kanada entwickelt wurden, um jährliche Schwankungen ausgleichen zu können (Immigration Canada 1991; Fix, Passel 1991). Ohne in diesem Papier eine exakte Zahl nennen zu wollen, denken wir, daß sich langfristig die jährliche Zuwanderung von 300.000 bis 500.000 Personen als für unsere Gesellschaft vertretbar erweisen wird. Wichtig ist zu betonen, daß diese Zahl nicht wissenschaftlich ableitbar ist, sondern sich aufgrund politischer Entscheidungen ergeben und im Rahmen parlamentarischer demokratischer Verfahren legitimiert werden muß. Es ist sicherzustellen, daß die Länder und Gemeinden in angemessener Weise in den Planungs- und Entscheidungsprozeß einbezogen werden. Über die aktuellen Entwicklungen der Zuwanderungen sollte die Bundesregierung einmal jährlich dem Bundestag einen Bericht vorlegen. Dieser sollte dann ausführlich diskutiert werden, so daß eine parlamentarische Kontrolle des Verwaltungshandelns möglich ist.

Jährliche Einwanderungsquoten können gebildet werden für:

- Aussiedler,
- Neueinwanderer anderer Länder,
- Kontingentflüchtlinge,
- Familienangehörige bereits bei uns lebender Ausländer, wobei in diesem Fall der Verwandtschaftsgrad ausschlaggebend sein sollte. Bestehende rechtliche Garantien, wie Ehegatten- und Kindernachzug bis 16 Jahre, sollten nicht eingeschränkt werden. Um diese Wanderungsbewegungen in den Plan aufnehmen zu können, sollten vorherige Antragstellungen erwogen werden.

Die Zahl der Asylberechtigten des Vorjahres und der aufgrund anderer rechtlicher Regelungen in Deutschland verbleibender Flüchtlinge sollte bei den Planungen des kommenden Jahres berücksichtigt werden, so daß langfristig die Höchstgrenze nicht überschritten wird. Dieses Verfahren kann nur funktionieren, wenn die Asylverfahren möglichst schnell abgeschlossen werden und in diesem Verfahren auch festgestellt wird, ob jemand aufgrund anderer rechtlicher Regelungen im Land bleiben darf. Eine Beschleunigung der Verfahren und Bündelung der Entscheidungen in einer Hand ist dringend erforderlich. Jemand, der in diesem Verfahren abgelehnt wurde, muß die Bundesrepublik Deutschland verlassen und darf nicht mehr über die Quotenregelung Zugang nach Deutschland erhalten. Diese Koppelung ist notwendig, um die beabsichtigte Wirkung einer Entlastung der Asylverfahren auch wirklich zu erreichen.

Die Wanderungen innerhalb der Europäischen Gemeinschaften sollten u.E. bei dem geplanten Einwanderungsgesetz unberücksichtigt bleiben. Angesichts des Ziels, ein vereinigtes Europa zu erreichen, in dem die Bürger frei ihren Arbeitsplatz und Wohnsitz wählen können und nationale Staatsbürgerschaften an Bedeutung verlieren werden, halten wir eine Einbeziehung von EG-Bürgern in die Zuwanderungsplanungen politisch nicht für adäquat.

Bei den Kriterien, nach denen die Auswahl der Zuwanderer erfolgt, sollten humane Aspekte Priorität vor arbeitsmarktpolitischen Erwägungen haben. Es kann nicht das Ziel sein, den Entwicklungsländern gerade die qualifiziertesten und motiviertesten 20- bis 40jährigen Ausreisewilligen zu entziehen, um die Lücken unseres Arbeitskräftepotentials zu schließen. Die in anderen Einwanderungsländern entwickelten Kriterien zur Auswahl der Zuwanderer können nicht einfach auf die Bundesrepublik Deutschland übertragen werden. Vielmehr gilt es, Auswahlkriterien zu entwickeln, die unserer geschichtlichen Entwicklung, unserer geographischen Lage und unserer Verpflichtung gegenüber den Migrantengruppen, die bereits in Deutschland leben, Rechnung tragen. Allerdings sollten die in den klassischen Einwanderungsländern entwickelten Verfahren und Kriterien zur Steuerung der Zuwanderung analysiert und auf ihre Anwendbarkeit für die Bundesrepublik Deutschland überprüft werden. In Kanada z.B. erfolgt die Auswahl der Zuwanderer nach auf die Person bezogenen Kriterien. Hierbei werden sowohl arbeitsmarktbezogene Faktoren, wie Schulbildung und Beruf, als auch soziale Aspekte, wie familiäre Bindungen berücksichtigt. Die einzelnen Kriterien werden gewichtet, so daß jedem Bewerber eine Punktezahl zugeordnet werden kann, die als Entscheidungsgrundlage dient. Der Vorteil eines derartigen Verfahrens ist, daß die Entscheidungen transparent sind und nur geringe Ermessensspielräume bestehen. Neben dieser auf individuellen Faktoren beruhenden Auswahl hat Kanada aber auch Kontingente für "humanitäre" Immigration, d.h. Flüchtlingseinwanderung, eingerichtet (Körner 1990: 151ff.).

Zu einem derartigen Neubeginn einer Einwanderungspolitik gehört eine großzügige "Altfallregelung" für Asylsuchende der Vergangenheit sowie eine Reform des deutschen Staatsbürgerrechts. Eine Beschleunigung der Asylpolitik scheitert im Moment allein daran, daß sich über 400.000 unerledigte Anträge beim Bundesamt für die Anerkennung von Flüchtlingen in Zirndorf stapeln und eine Bearbeitung der Fälle Jahre dauern wird. Unter anderem ist dies darauf zurückzuführen, daß bis heute viele der genehmigten Planstellen nicht besetzt sind. Großzügige rechtliche Regelungen dieser "Altfälle", verbunden mit dem Angebot der sozialen und beruflichen Integration, sollten erwogen werden.

Weiterhin sollte das Einbürgerungsrecht liberalisiert werden. Mit der Ermöglichung einer doppelten Staatsangehörigkeit wäre vielen Migranten der zweiten und dritten Generation geholfen, und eine große Zahl heutiger Ausländer würde binnen kurzem Inländer. Außerdem sollte das Prinzip eingeführt werden, daß in Deutschland Geborene die deutsche Staatsangehörigkeit erhalten. Hier sollte das französische Verfahren als Beispiel dienen.

Ein Einwanderungsgesetz darf sich nicht nur darauf beschränken, festzulegen, welchen Personen die Einreise nach Deutschland erlaubt wird und welchen nicht. Zentraler Bestandteil eines derartigen Gesetzes müssen Maßnahmen und Angebote sein, die dazu beitragen, die soziale, ökonomische und politische Gleichberechtigung der Einwanderer zu verwirklichen. Hierzu bedarf es spezieller Förderprogramme zur beruflichen und sprachlichen Qualifizierung der Zuwanderer. Auf die langjährigen Erfahrungen der Wohlfahrtsverbände und anderer Organisationen, die Integrations- und Lernangebote für Ausländer durchführten, kann bei der Neukonzeption zurückgegriffen werden.

3.9 Institutionelle Rahmenbedingungen

Zur Konzipierung und Durchführung dieser neuen Zuwanderungspolitik werden neue Institutionen benötigt. Wichtig ist, daß diesem Politikbereich eine hohe Priorität eingeräumt wird, daß seine defensive, lediglich auf Abwehr ausgerichtete Zielvorgabe geändert und in der Öffentlichkeit für Akzeptanz für die neue Politik geworben wird. Es ist notwendig, neue Politik- und Verwaltungsstrukturen einzurichten:

Auf Bundesebene sollte ein ressortübergreifendes "Bundesamt für Migration und Integration" geschaffen werden. Seine Aufgaben sind die Konzeption der Zuwanderungspolitik sowie die Koordination der Aktivitäten anderer beteiligter Ministerien (Bade 1992; Vorstand der SPD 1991). Die Planungen der Zuwanderungen und die vorgeschlagenen Integrationskonzepte sollten dabei wissenschaftlich fundiert sein.

Diesem Bundesamt sollte eine "Ständige Kommission für Migration und Integration" zugeordnet sein, wie sie die zurückgetretene Ausländerbeauftragte der Bundesregierung, Frau Funcke, in ihrem letzten Bericht vom März 1991 forderte. Mitglieder dieser Kommission sollten u.a.

sein: Vertreter der Parteien, Staatssekretäre der betroffenen Ministerien, Vertreter des Bundesrates, Vertreter der kommunalen Spitzenverbände, Wissenschaftler und Vertreter der zugewanderten Bevölkerung. Als Aufgaben dieser Kommission werden u.a. genannt:

- Fremdenfeindlichkeit entgegenwirken;
- die einheimische Bevölkerung über die Bedeutung und die Leistungen der Zuwanderer informieren;
- Dokumentation und Forschung in diesem Bereich unterstützen;
- grundlegende Konzeptionen für die Integrations- und Migrationspolitik formulieren, die sich auf alle Politik- und Lebensbereiche erstrecken.

Für jedes Bundesland sollte ein/e Ausländerbeauftragte/r ernannt werden. Auf kommunaler Ebene sollten die Kompetenzen und Aufgaben der Ausländerbeauftragten erweitert werden. Als Beispiel für eine derartige Neuorientierung könnte das "Amt für multikulturelle Angelegenehiten" in Frankfurt dienen (Wolf-Almanasreh 1992).

Auf europäischer Ebene sollte ebenfalls ein Amt für Migrationsfragen eingerichtet werden, das eine koordinierende Funktion zwischen den einzelnen Staaten wahrnehmen kann. Wichtig ist, daß das Europaparlament und die nationalen Parlamente stärker als bisher an den Entscheidungsprozessen beteiligt werden.

Literaturhinweise

Bade, K. J. (1990): Ausländer, Aussiedler, Asyl in der Bundesrepublik Deutschland, Niedersächsische Landeszentrale für politische Bildung (Hrsg.), Hannover.

Bade, K. J. (1992): Deutsche im Ausland – Fremde in Deutschland. Migration in Geschichte und Gegenwart, München.

Biermann, R. (1992): Migration aus Osteuropa und dem Maghreb, in: Aus Politik und Zeitgeschichte, Bd. 9/92, Februar, S. 29 – 36.

Brandt, W. (1991): Ursachen und Entwicklungen der Flucht: Beginn einer neuen Völkerwanderung, in: Innenministerium NRW, Fluchtburg oder Festung Europa, S. 14 – 24, Düsseldorf.

Elschenbroich, D. (1986): Eine Nation von Einwanderern, Frankfurt/M.

Esser, H. (1980): Aspekte der Wanderungssoziologie, Darmstadt und Neuwied.

Fix, M., Passel, J. S. (1991): The Door Remains Open: Recent Immigration to The United States and a Preliminary Analysis of The Immigration Act of 1990, Washington, D.C.

Heckmann, F. (1981): Die Bundesrepublik ein Einwanderungsland? Zur Soziologie der Gastarbeiterbevölkerung als Einwanderungsminorität, Stuttgart.

Hönekopp, E. (1991): Ost–West–Wanderungen: Die neuen Migrationsbewegungen, in: Friedrich-Ebert-Stiftung (Hrsg.): Ausländer im vereinten Deutschland, S. 13 – 36, Bonn.

Hönekopp, E. (1992): Ursachen und Perspektiven: Ost–West–Wanderungen, in: Friedrich-Ebert-Stiftung (Hrsg.), Zuwanderungspolitik der Zukunft, Reihe Gesprächskreis Arbeit und Soziales, Nr. 3, S. 23 – 32, Bonn.

Immigration Canada (1991): Annual Report to Parliament – Immigration Plan for 1991 – 1995.

König, P., Schultze, G., Wessel, R. (1986): Situation der ausländischen Arbeitnehmer und ihrer Familienangehörigen in der Bundesrepublik Deutschland. Repräsentativuntersuchung '85, Bonn.

Körner, H. (1990): Internationale Mobilität der Arbeit, Darmstadt.

Mehrländer, U. (1974): Soziale Aspekte der Ausländerbeschäftigung, Bonn-Bad Godesberg.

Schultze, G. (1990): Griechische Jugendlichen in Nordrhein-Westfalen, Bonn.

Schultze, G. (1991): Berufliche Integration türkischer Arbeitnehmer. Vergleich der ersten und zweiten Generation, Bonn.

Vorstand der SPD (1991): Hilfe statt Abwehr – Thesen zu einem ganzheitlichen Konzept für Zuwanderungspolitik, Bonn.

Welt, J. (1992): Auswirkungen der Zuwanderung auf Städte und Kommunen, in: Friedrich-Ebert-Stiftung (Hrsg.): Zuwanderungspolitik der Zukunft, S. 41 – 45, Bonn.

Wolf-Almanasreh, R. (1992): Die multikulturelle Gesellschaft als kommunale Gestaltungsaufgabe, in: Friedrich-Ebert-Stiftung (Hrsg.): Die multikulturelle Gesellschaft – Der Weg zwischen Ausgrenzung und Vereinnahmung? S. 89 – 101, Bonn.

Hans Dietrich von Loeffelholz

Zuwanderung: Erfahrungen und Perspektiven der Zuwanderung in die Bundesrepublik aus ökonomischer Sicht[1]

Die politischen Umwälzungen in Mittel- und Osteuropa in den letzten fünf Jahren haben zu der stärksten Zuwanderung in das frühere Bundesgebiet seit dem Zustrom von Vertriebenen nach Ende des Zweiten Weltkriegs geführt: Zwischen 1988 und 1992 kamen mit rund 4,2 Mill. Personen gut halb so viele Menschen in das frühere Bundesgebiet wie im Zuge der Ost-West-Wanderungen vom Ende des Zweiten Weltkriegs bis zu Beginn der 50er Jahre gekommen waren. Handelte es sich damals hauptsächlich um Flüchtlinge aus den ehemaligen deutschen Ostgebieten, sind heute (Schaubild 1)

- etwa ein Viertel Übersiedler aus der ehemaligen DDR bzw. den jungen Bundesländern (1,1 Mio. Personen zwischen 1988 und 1992),

---

1 Die Ausführungen stützen sich weitgehend auf György Barabas/Arne Gieseck/Ullrich Heilemann/Hans Dietrich von Loeffelholz, Gesamtwirtschaftliche Effekte der Zuwanderung 1988 bis 1991, in: RWI-Mitteilungen, 43(1992), S. 133ff., auf Arne Gieseck/Ullrich Heilemann/Hans Dietrich von Loeffelholz, Implikationen der Zuwanderung aus Ost- und Südosteuropa für die öffentlichen Finanzen und das Wirtschaftswachstum in der Bundesrepublik, in: Sozialer Fortschritt, 41(1992), Heft 11, S. 271ff., auf Arne Gieseck/Ullrich Heilemann/Hans Dietrich von Loeffelholz, Wirtschafts- und sozialpolitische Aspekte der Zuwanderung in die Bundesrepublik, in: Aus Politik und Zeitgeschichte, Beilage zur Wochenzeitschrift Das Parlament, B 7/93 vom 12. Februar 1993, S. 29ff., auf Hans Dietrich von Loeffelholz, Der Beitrag der Ausländer zum wirtschaftlichen Wohlstand in der Bundesrepublik Deutschland, in: Zeitschrift zur Politischen Bildung (Eichholz Brief), 29(1992), Heft 1, Bonn 1992, S. 60ff., auf R. Dinkel/Uwe Lebock, Könnten durch Zuwanderung die Alterung der Bevölkerung und die daraus resultierenden Zusatzlasten der Sozialen Sicherung aufgehalten oder gemildert werden? in : Deutsche Rentenversicherung, Heft 6/1993, S. 388ff., auf Jens Grütz/Fidelis Lankes/Roland Tautz/Ullrich Roppel, Modellrechnung zum Erwerbspersonenpotential und Arbeitsmarktbilanz bis zum Jahr 2030, in: Deutsche Rentenversicherung, Heft 7/1993, S. 449ff., sowie auf Hans Dietrich von Loeffelholz, Bevölkerungsentwicklung, Wirtschaftswachstum und staatliche Leistungen – Erfahrungen und Perspektiven für die Bundesrepublik, in: RWI-Mitteilungen, 39(1988), S. 215ff.

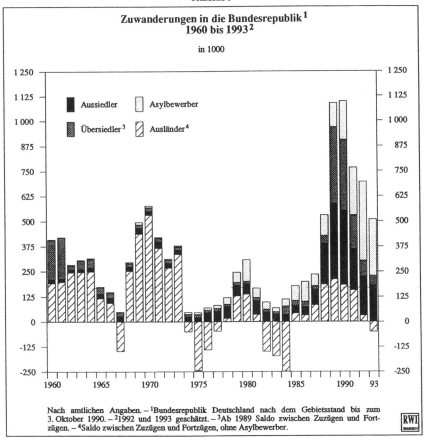

- ein Drittel Aussiedler aus den ost- und südosteuropäischen Siedlungsgebieten deutscher Volksgruppen in den ehemaligen Ostblockstaaten, einschließlich der ehemaligen Sowjetunion (1,35 Mio.), und

- über 40 vH Ausländer (1,8 Mio., darunter 1 Mio. Asylbewerber, davon etwa 450.000 in 1992); diese kamen vor allem aus Ost- und Südosteuropa sowie aus südeuropäischen EG-Mitgliedsländern und aus der Türkei. Dabei ist das Zuwanderungsverhalten der Ausländergruppen, die traditionell in die Bundesrepublik kommen, erfahrungsgemäß vor allem von der konjunkturellen Entwicklung in der Bundesrepublik abhängig (Schaubild 2).

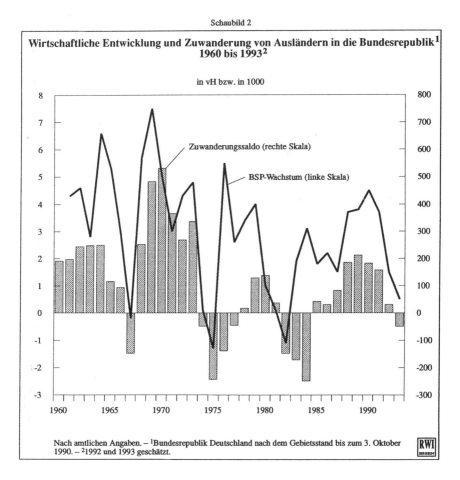

Schaubild 2
Wirtschaftliche Entwicklung und Zuwanderung von Ausländern in die Bundesrepublik[1]
1960 bis 1993[2]

Nach amtlichen Angaben. – [1]Bundesrepublik Deutschland nach dem Gebietsstand bis zum 3. Oktober 1990. – [2]1992 und 1993 geschätzt.

Die Graphik macht einen starken Zusammenhang zwischen der konjunkturellen Entwicklung, gemessen am Wachstum des Sozialprodukts (BSP), und dem Wanderungssaldo (Saldo von Zuzügen und Fortzügen von Ausländern) deutlich. Vor allem in den Konjunkturaufschwüngen in den 60er, 70er und 80er Jahren fiel mit dem jeweils zunehmenden Wirtschaftswachstum der Wanderungssaldo positiv aus; so kamen z.B. allein 1970 etwa 500.000 Personen von jenseits der deutschen Grenzen

43

in das frühere Bundesgebiet, auf das sich die folgenden Ausführungen im wesentlichen beschränken.

Die aktuelle Zuwanderung erhöhte den Bevölkerungsstand in Westdeutschland in einer Zeitspanne von nur fünf Jahren von etwa 61 Mio. (1987) auf reichlich 65 Mio. Personen (1992); diese Immigration wird in der Öffentlichkeit nicht zuletzt mit Blick auf die konjunkturellen und strukturellen Probleme in West- bzw. in Ostdeutschland mit wachsender Sorge verfolgt. Bedenken richten sich vor allem auch auf negative ökonomische Auswirkungen der Zuwanderung - vor allem auf solche, die im gesellschaftlichen und politischen Bewußtsein eine besonders wichtige Rolle spielen. In dieser Hinsicht stehen die Konsequenzen der Zuwanderung auf den Arbeitsmarkt, die öffentlichen Finanzen und auf die Infrastruktur einschließlich des Wohnungsmarktes, des Bildungssystems und des Gesundheitswesens sowie auf das Wirtschaftswachstum im Zentrum des Interesses. Im folgenden werden jüngere Forschungsergebnisse des Rheinisch-Westfälischen Instituts für Wirtschaftsforschung (RWI) zu den einzelnen Bereichen vorgestellt. Der vorliegende Beitrag schließt mit einigen wirtschafts- und sozialpolitischen Schlußfolgerungen, die sich für die Zukunft aus weiteren Zuwanderungen nach Deutschland ergeben können.

1. Zuzug und Beschäftigung von Ausländern in der Bundesrepublik in längerfristiger Betrachtung

Die Zahl der Ausländer hat sich in den letzten 40 Jahren aufgrund erheblicher Nettozuwanderung (Zuzüge von Ausländern in die Bundesrepublik abzüglich Fortzüge aus dem Bundesgebiet) von etwa 500.000 bis Anfang der 60er Jahre über 2 Mio. Anfang der 70er Jahre und 4 Mio. Anfang der 80er Jahre auf knapp 6 Mio. in 1991 erhöht (Schaubild 3). Im Jahr 1993 dürfte die Zahl der Ausländer in Deutschland etwa 6 1/2 Mio. Personen betragen. Der Anteil der Ausländer im früheren Bundesgebiet an der Gesamtbevölkerung stieg von unter 2 vH in den 50er und 60er Jahren, über 4 und 6 vH in den 70er und 80er Jahren auf heute 8 bis 9 vH (Schaubild 4). In bezug auf ganz Deutschland bedeutet dies einen Ausländeranteil von 7 1/2 vH. Damit liegt die heutige Bundes-

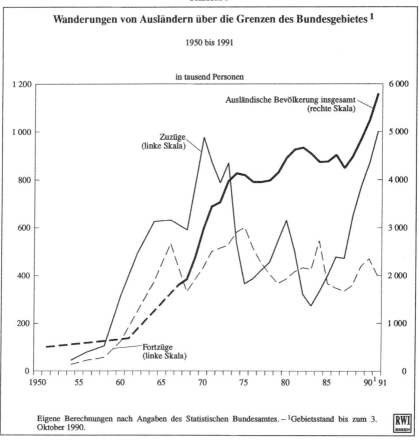

republik zusammen mit Belgien und Frankreich an der Spitze in Europa, wenn man von kleineren Ländern, wie Luxemburg mit einem Ausländeranteil von 26 vH und von der Schweiz mit 15 vH, absieht. Nachrichtlich sei hier erwähnt, daß die Vereinigten Staaten von Amerika gegenwärtig einen Anteil von sogenannten "foreign-born" in Höhe von ebenfalls 8 vH aufweisen.

Unter den etwa 6 Mio. ausländischen Mitbürgern waren in 1992 knapp 2 Mio. Personen sozialversicherungspflichtig beschäftigt; damit sind heute wiederum etwa so viele Ausländer als Arbeitnehmer tätig wie schon vor zehn Jahren und vor zwanzig Jahren. Während indes vor zwanzig Jahren der Anteil der ausländischen Arbeitnehmer an allen Arbeitnehmern in der Bundesrepublik fast doppelt so hoch war wie der ausländische Bevölkerungsanteil, näherten sich im weiteren Zeitablauf die Anteilswerte der ausländischen Bevölkerung an der Gesamtbevölkerung und der ausländischen sozialversicherungspflichtig Beschäftigten an allen Arbeitnehmern aneinander an (Schaubild 4). Diese Verläufe spiegeln die Tatsache wider, daß die Zuwanderung heute nicht mehr – wie vor zwanzig bis dreißig Jahren – in erster Linie von den Verhältnissen am Arbeitsmarkt bestimmt wird, sondern eher von der allgemeinpolitischen

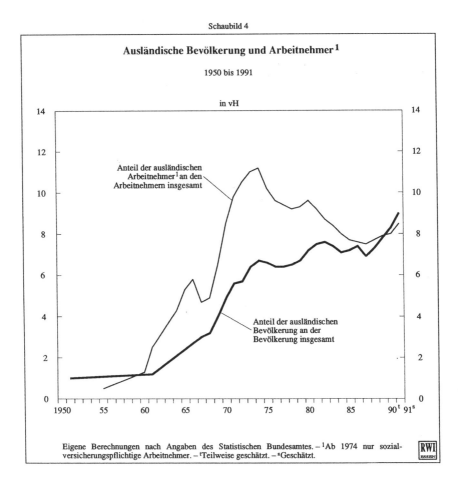

Schaubild 4

Ausländische Bevölkerung und Arbeitnehmer[1]

1950 bis 1991

Eigene Berechnungen nach Angaben des Statistischen Bundesamtes. – [1]Ab 1974 nur sozialversicherungspflichtige Arbeitnehmer. – [t]Teilweise geschätzt. – [s]Geschätzt.

Lage und Entwicklung, vor allem der in Ost- und Südosteuropa, abhängig ist. Hinzu kommt ein verstärkter Zuzug von Familienangehörigen der schon länger in der Bundesrepublik Beschäftigten in den vergangenen eineinhalb Jahrzehnten. Dies hatte z.b. zur Folge, daß der Anteil der Kinder und Jugendlichen wesentlich zunahm und das hiesige Bildungssystem vor besondere Herausforderungen stellte. Eine weitere Folge ist, daß gegenüber den 70er Jahren mit 70 bis 80 vH heute nur noch zwei Drittel der Ausländer im Alter zwischen 18 und 55 Jahren stehen; dies ist aber immer noch wesentlich höher als bei der deutschen Bevölkerung mit rund 50 vH. Schließlich hat sich auch das Erwerbsverhalten der Ausländer von einer relativ ausgeprägten, fast ausschließlichen Erwerbsorientierung ihres Zuzugs und Aufenthalts in den 60er und 70er Jahren in Richtung auf eine Anpassung an das Erwerbsverhalten der Einheimischen in den 80er Jahren verändert. Was nicht weiter verwundert, denn immerhin leben heute mehr als die Hälfte der Ausländer schon 15 und mehr Jahre im früheren Bundesgebiet. Insgesamt kann man also feststellen, daß sich die ausländische Bevölkerung in der Bundesrepublik seit Mitte der 80er Jahre in etwa dem gleichen Ausmaß am hiesigen Erwerbsleben beteiligt wie die deutsche Bevölkerung.

Die ausländischen sozialversicherungspflichtigen Arbeitnehmer leben vorwiegend in den industriellen Ballungszentren Nordrhein-Westfalens, Baden-Württembergs, Bayerns und Hessens und kommen etwa zur Hälfte aus dem ehemaligen Jugoslawien und aus der Türkei (Schaubild 5). Sie sind traditionell im Bergbau und im Verarbeitenden Gewerbe, dort vor allem in der Kunststoff-, Gummi- und Metallindustrie, im Fahrzeugbau sowie im Textilgewerbe, und im Dienstleistungsbereich, wie im Hotel- und Gaststättengewerbe, beschäftigt.

Die Anteile der ausländischen Arbeitnehmern an allen Arbeitnehmern in den einzelnen Branchen liegen zwischen 10 und 25 vH (Schaubild 6). Besonders hoch sind die jeweiligen Anteilswerte im Bergbau, dort vor allem unter Tage, und bei den Gießereien sowie bei den Gaststätten; in Teilbereichen dürften die Anteile noch deutlich höher liegen, insbesondere dann, wenn man noch die ausländischen Beschäftigten hinzunimmt, die geringfügig tätig sind oder unangemeldet arbeiten.

Schaubild 5
Sozialversicherungspflichtig beschäftigte Ausländer
Frühjahr 1992; in 1000

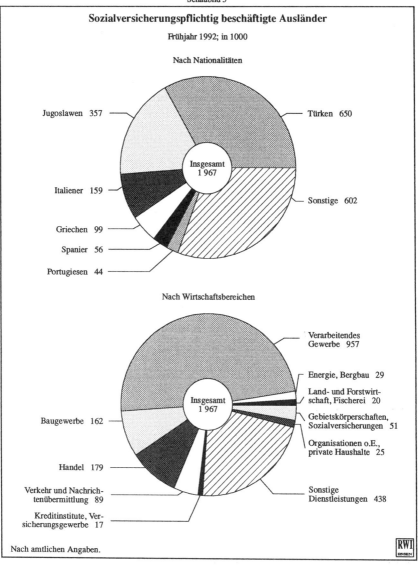

Nach amtlichen Angaben.

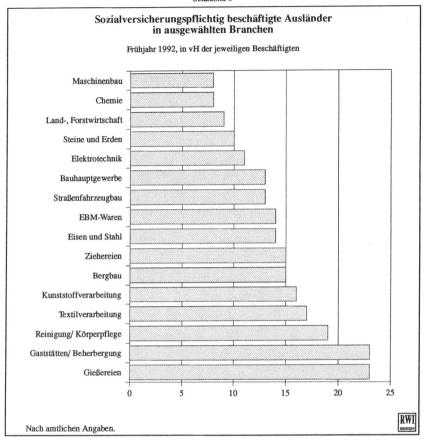

Die Ausländer sind in konjunkturellen Schwächephasen erfahrungsgemäß relativ stark von Arbeitslosigkeit betroffen. Die Arbeitslosenquote unter Ausländern lag in den letzten 10 Jahren indes immer erheblich höher als die allgemeine Quote. Zur Zeit liegt sie etwa doppelt so hoch wie unter den deutschen Arbeitnehmern. Bei Konjunktureinbrüchen und im Zuge des sektoralen Strukturwandels werden insbesondere in den strukturschwachen Branchen bei Freisetzungen von Arbeitskräften ausländische Arbeitnehmer mit unterdurchschnittlicher Qualifikation und Position als erste entlassen; dies dient nicht zuletzt dazu, das Stammpersonal zu halten. Entlassungen von ausländischen

Arbeitskräften taugen aber in der Regel nicht dazu, um die freigewordenen Arbeitsplätze mit (deutschen) Arbeitslosen zu besetzen. Wer an eine derartige "Entlastung" des Arbeitsmarktes denkt, verkennt die Struktur der Arbeitslosen in Westdeutschland. Die Hälfte hat keine abgeschlossene Berufsausbildung, ein Viertel weist gesundheitliche Beeinträchtigungen auf, 25 vH sind älter als 40 Jahre und die Hälfte sind Frauen. Die meisten von ihnen kommen überhaupt nicht für die Tätigkeiten in Frage, die, wie solche im Bergbau, bei den Gießereien, in der Bauwirtschaft oder in der Kfz-Industrie, vielfach von ausländischen Arbeitskräften ausgeübt werden. Für eine erhebliche Verdrängung einheimischer Arbeitskräfte durch zugewanderte Erwerbspersonen gibt es bisher denn auch ebenso wenige Belege, wie auch für die traditionellen Einwanderungsländer USA und Kanada – im Gegenteil, es wird oft vermutet, die Akzeptanz unattraktiverer Arbeitsbedingungen und -plätze durch die Zuwanderer ermöglicht den ansässigen Beschäftigten vielfach ein Aufrücken in bessere Stellungen.

Aus gesamtwirtschaftlicher Sicht ist der Schluß zu ziehen, daß die angesprochenen Wirkungen auf dem Arbeitsmarkt etwaige Verdrängungseffekte wohl überwiegen. In Einzelfällen kann sich dies freilich anders darstellen: So sehen sich Arbeitslose und die im Zuge der üblichen Fluktuation freigesetzten Erwerbspersonen oft in der Konkurrenz um neu eingerichtete und freigewordene Arbeitsplätze zugewanderten Erwerbspersonen gegenüber, die aufgrund höherer räumlicher Mobilität, zum Teil aufgrund besserer Qualifikation oder aufgrund der Bereitschaft zur Hinnahme schlechterer Arbeitsbedingungen bzw. zur Übernahme von Stellen, für die sie (formal) überqualifiziert sind, den Vorzug erhielten. Das insgesamt relativ geringe Ausmaß an Verdrängung von einheimischen Erwerbspersonen durch solche Erwerbspersonen, die im Zuge der oben dargestellten Migration in den letzten fünf Jahren zugewandert sind und am Arbeitsmarkt Fuß gefaßt haben – bis Ende 1992 haben unter den 4,2 Mio. Zuwanderern bzw. unter den 2,1 Mio. zugewanderten Erwerbspersonen der Jahre 1988 bis 1992 über 1,4 Mio. eine sozialversicherungspflichtige Beschäftigung gefunden –, ist vor allem vor dem Hintergrund der beträchtlichen konjunkturbelebenden Impulse aus den Steuerentlastungen 1986, 1988 und 1990, der bis Anfang 1990 lebhaften Auslandsnachfrage und des sogenannten Einigungsbooms zu sehen; für eine künftige Zuwanderung in Zeiten anhaltender konjunktureller Schwäche dürften sich die Arbeitsmarkteffekte freilich wesentlich ungünstiger als in der jüngsten Zuwanderungsphase darstellen.

2. Auswirkungen der Zuwanderung auf die öffentlichen Haushalte und die Sozialversicherungen

Es liegt auf der Hand, daß sich die skizzierte expansive Bevölkerungs- und Arbeitsmarktentwicklung schon kurzfristig auf Ausgaben, aber auch auf Einnahmen des Staates auswirken. Bund, Länder und Gemeinden leisten einerseits Starthilfen und laufende Transfers, wie Kindergeld, Wohngeld oder Sozialhilfe, können aber auch andererseits mit zusätzlichen Einnahmen an Einkommensteuern und Verbrauchsabgaben rechnen. Mit diesen (direkten und indirekten) Steuern leisten die Zuwanderer nicht nur Finanzierungsbeiträge zu den von ihnen bezogenen Transfers, sondern beteiligen sich auch an der Finanzierung der von ihnen in Anspruch genommenen Infrastruktureinrichtungen, etwa im Wohnungs-, Ausbildungs-, Verkehrs- und Gesundheitsbereich. Sie entlasten darüber hinaus die einheimische Bevölkerung von solchen staatlichen Kosten, die vom Zuzug und Aufenthalt der Zuwanderer weitgehend unabhängig sind. Solche Kosten und Belastungen sind etwa die Aufwendungen für die Verteidigung, für auswärtige Angelegenheiten, für den staatlichen Schuldendienst und - ganz aktuell - für die finanziellen Belastungen aus der deutschen Vereinigung. Mit anderen Worten, ohne Zuwanderung müßten die Einheimischen (cet. par.) entsprechend mehr an Steuern für die genannten Bereiche aufbringen, oder es könnte nur ein geringeres Leistungsniveau bei anderen staatlichen Aufgaben realisiert werden.

Auch die Haushalte der Sozialversicherungsträger (gesetzliche Renten- und Krankenversicherung sowie Arbeitslosenversicherung) werden von der Migration beeinflußt. Sie können zusätzliche Beitragseinnahmen in dem Maße verbuchen, in dem die Zuwanderer sozialversicherungspflichtige Beschäftigungen aufnehmen. Freilich stehen den jeweiligen Sozialbeiträgen auch Ansprüche auf Leistungen etwa bei Arbeitslosigkeit, im Krankheitsfall oder später bei Erreichen der Altersgrenze (Rentenanwartschaften) gegenüber.

Nach Untersuchungen des RWI dürften die in den letzten fünf Jahren nach Westdeutschland zugewanderten Personen auf dem Wege über ihre Beteiligung an der inländischen Einkommensentstehung und -verwendung in 1992 etwa 32 Mrd. DM an Steuern und Sozialversicherungsbeiträgen aufgebracht haben. Gegenzurechnen sind die Aufwendungen des Staates für die Zuwanderer etwa in Gestalt von Starthilfen, von Eingliederungs- und Arbeitslosengeld, von Kindergeld und Wohngeld sowie von Altersrenten. An Aussiedler dürften 1992 zusammen schätzungsweise knapp 6 Mrd. DM geflossen sein, an Übersiedler etwa 4 Mrd. DM, an Ausländer ohne Asylbewerber 1 Mrd. DM sowie an Asylbewerber 5 bis 7 Mrd. DM, insbesondere in Form von Sozialhilfe (einschl. der Ausgaben für die Unterbringung der Asylbewerber). Zusammen dürften sich die genannten öffentlichen Aufwendungen in 1992 auf - wiederum grob geschätzt - etwa 18 Mrd. DM belaufen haben, so daß ein "Gewinn" für die staatlichen Finanzen in Höhe von insgesamt 14 Mrd. DM verblieb.

Betrachtet man nun die Ausländer allein, und bezieht alle, auch die schon länger in der Bundesrepublik lebenden mit in die Betrachtung ein, so zeigen Untersuchungen des Instituts, daß sie z.Zt. gut 8 vH aller Steuern und Sozialversicherungsbeiträge oder 90 Mrd. DM aufbringen. Dies entspricht in etwa ihrem Bevölkerungsanteil, was bedeutet, daß die Ausländer keineswegs eine Belastung für die übrigen Steuer- und Beitragszahler darstellen. Sie tragen im Gegenteil auch zur Finanzierung aller Staatsaufgaben bei. Daran partizipieren sie freilich mit, wenn auch in etwas geringerem Ausmaß, als es ihren Finanzierungsbeiträgen entspricht. Es bleibt also ein Überschuß, der dazu dient, Belastungen für die deutsche Bevölkerung, z.B. im Bereich der Rentenversicherung oder Krankenversicherung oder auch durch die Finanzierung der deutschen Einheit, abzumildern. Gäbe es die Ausländer in der Bundesrepublik nicht, wären die Belastungen etwa aus der Finanzierung der deutschen Einheit (cet.par.) für jeden Deutschen im Schnitt um 8 vH höher.

3. Auswirkungen von Zuwanderung auf die Infrastruktur im Wohnungs-, Bildungs- und Gesundheitsbereich

Freilich tragen Zuwanderer aufgrund ihrer Nachfrage nach Wohnraum mit zur Anspannung auf den (regionalen) Wohnungsmärkten bei. Die Ursachen für die gegenwärtig insbesondere in den Ballungsgebieten sehr angespannte Wohnungssituation sind vielfältig. Ein Grund ist etwa die erhöhte Wohnungsnachfrage der heimischen Bevölkerung aufgrund von Einkommenssteigerungen in den achtziger Jahren, ein anderer die in dieser Zeit – nicht zuletzt wegen des seit Mitte der 70er Jahre (bis 1987) anhaltenden Bevölkerungsrückgangs – sehr verhaltene Neubautätigkeit; letztere war insgesamt nur etwas mehr als halb und beim sozialen Wohnungsbau noch weniger stark ausgeprägt wie in den Jahren von 1970 bis 1980, so daß Ende 1990 (rechnerisch) zwei Millionen Wohnungen fehlten. Schließlich ist von Bedeutung, daß z.B. die Anzahl der Einpersonen-Haushalte ("Singles") im früheren Bundesgebiet in den letzten zehn Jahren um ein Drittel auf fast 10 Mio. gestiegen ist. Fast die Hälfte aller privaten Haushalte in den westdeutschen Großstädten besteht heute nur noch aus einer Person. Dies macht die Wohnungssuche nicht nur für die Zuwanderer, sondern auch für ansässige jüngere Familien mit Kindern schwierig und treibt die Mieten, aber auch die Ausgaben des Staates für das Wohngeld, nach oben.

Die Zuwanderung schlägt sich aber nicht nur im Wohnungssektor nieder, sondern sie wirkt sich auch auf andere öffentliche Bereiche aus. Im Vordergrund stehen dabei der Bildungs- und Gesundheitsbereich bzw. die gesetzliche Krankenversicherung (GKV), die beide in erheblichem Ausmaß von der Zuwanderung beeinflußt werden. Im davon besonders betroffenen allgemeinbildenden Bildungsbereich (Grund-, Haupt- und Realschulen) dürfte die Anzahl der Schüler seit Beginn der aktuellen Zuwanderung im Jahr 1988 um etwas mehr als eine halbe Million Personen im bildungsrelevanten Alter zwischen 6 und 18 Jahren (ohne Asylbewerber in diesem Alter) oder um ca. 10 vH gestiegen sein. Dies führt im allgemeinen kurzfristig zwar kaum zu zusätzlichen Ausgaben der öffentlichen Hand, aber zu einer vermehrten Anzahl von Schülern je Lehrer und eventuell zu verstärkten Disproportionalitäten in der Leistungsstruktur der Schulklassen mit geringerem Lernerfolg für einheimische Schüler. Die Schüler-Lehrer-Relation an Grund-, Hauptund Realschulen in Westdeutschland dürfte zuwanderungsbedingt um durchschnittlich 2 Schüler auf rund 19 Schüler je Lehrer gestiegen sein und damit (wieder) das Niveau von Anfang der 80er Jahre erreicht haben. Längerfristig dürften die staatlichen Ausgaben für das Bildungssystem tendenziell steigen bzw. sich weniger vermindern können, als es nach Maßgabe des demographischen Rückgangs der einheimischen (Bildungs-)Bevölkerung in den nächsten Jahren und Jahrzehnten möglich wäre. Freilich gehört in diesen Zusammenhang auch der Hinweis auf den beträchtlichen "Zufluß an Humankapital" in Gestalt schon mehr oder weniger ausgebildeter Arbeitskräfte unter den Zuwanderern, die sich u.a. auf dem Wege über die Zahlung von Steuern und Abgaben an der Finanzierung der Ausbildungskosten für ihre Kinder beteiligen.

Was den Gesundheitsbereich und hier insbesondere die GKV angeht, ist davon auszugehen, daß im Zuge der Zuwanderung und der Erwerbstätigkeit der Migranten nicht nur die entsprechenden Beitragseinnahmen, wie erwähnt, zunehmen, sondern daß auch die Ausgaben für Leistungen an Zuwanderer im Krankheitsfall steigen. Welche Kosten in diesem Bereich in den letzten Jahren zusätzlich angefallen sind, ist aus Mangel an entsprechenden Informationen nur ganz grob abzuschätzen. Immerhin ist in Rechnung zu stellen, daß die Zuwanderer bisher im Durchschnitt zehn Jahre jünger sind als die einheimische Bevölkerung; die zusätzlichen Ausgaben der GKV dürften sich im Zuge des Zustroms von Migranten mit vielleicht 3 bis 5 Mrd. DM im Jahr aber auf einige Milliarden DM weniger belaufen als die Krankenversicherung durch die Zuwanderung an zusätzlichen Einnahmen verbuchen kann. Der Überschuß der (zusätzlichen) Einnahmen über die (zusätzlichen) Ausgaben dient vor allem auch dazu, die Ausgaben der GKV für die ansässige Altersbevölkerung als der Teil der Bevölkerung, der die Krankheitsleistungen naturgemäß am stärksten beansprucht, mitzufinanzieren. Dadurch wird tendenziell die ansässige jüngere Bevölkerung von der Finanzierung von Krankheitskosten für die ältere Generation entlastet.

4. Gesamtwirtschaftliche Effekte der Zuwanderung

Die bisherigen Ausführungen konzentrierten sich auf arbeitsmarktspezifische Aspekte und auf die Gesichtspunkte der Zuwanderung, die die Einnahmen und Ausgaben des Staates unmittelbar berühren und wichtige Infrastrukturbereiche betreffen. Im folgenden stehen die gesamtwirtschaftlichen Wirkungen der Migration im Vordergrund, die als Folge der Wirkungen der Zuwanderung auf Arbeitsmarkt und öffentliche Finanzen ausgelöst werden. Um welche Folgewirkungen handelt es sich dabei? In erster Linie handelt es sich um solche, die sich mit der verbesserten Wirtschaftslage als Folge der Zuwanderung ergeben. Die dadurch in der Wirtschaft gesteigerten Aktivitäten führen zu höheren Einkommen, die entsprechend der jeweiligen Konsum-/Spar- und Investitionsneigung der Arbeitnehmer, Unternehmer und Verbraucher wiederum für den Konsum oder für das Sparen bzw. für Investitionen verwendet werden.

An der verstärkten Einkommensentstehung bzw. an der zusätzlichen Einkommensverwendung partizipieren der Staat, d.h. Bund, Länder und Gemeinden, sowie die Sozialversicherungen, auch mittelbar in Gestalt höherer Einnahmen aus Verbrauchs- und Einkommensteuern sowie in Gestalt höherer Einnahmen aus Sozialversicherungsbeiträgen. Der entsprechende Anteil des Staates an allen, auch mittelbar durch die Zuwanderung entstandenen und verwendeten Einkommen, also – zusammenfassend gesagt – am Bruttosozialprodukt, beträgt heute fast 45 vH, d.h., fast jede zweite D-Mark fließt in der (früheren) Bundesrepublik durch die Kassen der öffentlichen Hände. Die Steuern und Abgaben gibt der Staat seinerseits für Sach- und Investitionsgüterkäufe, für die Entlohnung seiner Bediensteten und für Transfers an private Haushalte, d.h. für Sozialleistungen, und an Unternehmen, d.h. für Subventionen, aus. Dies führt dort wiederum bei den Empfängern zu zusätzlichen Einkommen und zu zusätzlichem Konsum oder Sparen bzw. Investitionen. Die expansiven Impulse wirken erfahrungsgemäß für einige Zeit durch die gesamte Volkswirtschaft und erhöhen das Sozialprodukt, die Einkommen der privaten Haushalte ebenso wie die Einnahmen und Ausgaben des Staates und führen am Arbeitsmarkt zu zusätzlicher Beschäftigung.

Nach entsprechenden Untersuchungen des RWI resultierten aus der Beschäftigung der oben erwähnten 1,4 Mio. Zuwanderer der jüngsten Migrationphase im Durchschnitt des Jahres 1992 zusätzlich 90.000 Arbeitsplätze für einheimische Arbeitskräfte; das Bruttosozialprodukt lag 1992 um knapp 6 vH höher als ohne Zuwanderung. Die durchschnittliche Wachstumsrate des Sozialprodukts betrug zwischen 1988 und 1992 mit der Zuwanderung je Jahr 3 1/2 vH, ohne Zuwanderung etwa 2 vH. Die anfängliche Belastung des Arbeitsmarktes schlug in eine Entlastung um, die Arbeitslosenquote wäre ohne die Zuwanderung im Jahr 1992 um 0,2 vH-Punkte höher ausgefallen; dies entspricht einer Erhöhung um ca. 60.000 Arbeitslose. Das mit der Zuwanderung kräftigere wirtschaftliche Wachstum war mit entsprechend höheren Einkommen verbunden. Die Unternehmereinkommen lagen 1992 brutto, d.h. vor Abzug von Steuern und Abgaben, um knapp 10 vH, höher als sie ohne Zuwanderung gelegen hätten, die entsprechenden Arbeitnehmereinkommen um etwa 5 vH höher. Das Pro-Kopf-Einkommen vor Abzug von Steuern und Abgaben, das oft als Wohlstandsindikator verwendet wird, ist im Durchschnitt fast unverändert geblieben, unter Berücksichtigung der ohne Zuwanderung vermutlich höheren Steuern und Abgaben oder geringeren Staatsleistungen dürfte es indes tendenziell gestiegen sein.

5. Perspektiven weiterer Zuwanderung nach Deutschland und ökonomische Schlußfolgerungen

Inwieweit die vorgestellte Momentaufnahme auch für die weitere Zukunft Gültigkeit beanspruchen kann und welche Schlußfolgerungen sich daraus ergeben können, ist schwer zu beurteilen. In der Rückschau auf die letzten fünf Jahre mit einer starken Zuwanderung unterschiedlicher Bevölkerungsgruppen in das frühere Bundesgebiet und überhaupt auf die weiter zurückliegende Vergangenheit der Bundesrepublik, die vor allem von einer erheblichen Arbeitsmigration von Ausländern gekennzeichnet waren, wurde deutlich, daß die Zuwanderung in die ehemalige Bundesrepublik bisher eher positive Wirkungen auf Wirtschaftswachstum, Arbeitsmarkt und Staatshaushalt ausgeübt hat.

Die Bilanz sieht freilich vor allem deshalb so günstig aus, weil zum einen mit den Zuwanderern der Bundesrepublik Humankapital zugeflossen ist, für das sie kaum Ausbildungsinvestitionen tätigen mußte. Zum anderen hat sich der bundesdeutsche Arbeitsmarkt bisher für auswärtige Arbeitskräfte im allgemeinen als recht aufnahmefähig erwiesen.

Die sich bisher so positiv darstellenden gesamtwirtschaftlichen Effekte dürfen freilich nicht ohne weiteres auch für das laufende Jahr 1993 erwartet, geschweige denn in die Zukunft fortgeschrieben werden. Es ist zu unterstreichen, daß die Auswirkungen von Zuwanderungen auf die deutsche Volkswirtschaft ganz entscheidend von der jeweiligen gesamtwirtschaftlichen Situation abhängig sind: Ist beispielsweise die Beschäftigungsentwicklung nicht – wie in den letzten Jahren – durch einen Mangel an qualifizierten Arbeitskräften trotz anhaltender und z.Zt. noch steigender Arbeitslosigkeit bestimmt, sondern durch eine allgemeine Konjunkturschwäche mit zu geringer Nachfrage, werden deutlich weniger Zuwanderer erwerbstätig als in den letzten Jahren. Freilich dürfte die Zuwanderung – zumindest von Übersiedlern, Aussiedlern und Ausländern, wenn man von den Asylbewerbern und Flüchtlingen einmal absieht – unter solch veränderten ökonomischen Umständen, wie sie seit etwa einem Jahr vorliegen, tendenziell zurückgehen. Die neuesten Zuwanderungszahlen deuten auch in diese Richtung. Ist mit Zuwanderung eine höhere Arbeitslosigkeit verbunden, würden die öffentlichen Haushalte eher belastet werden, als daß sie von der Zuwanderung profitieren würden. Schließlich dürfte es dann auch zu einem Rückgang der Pro-Kopf-Einkommen kommen.

Gleichwohl dürfte eine Zuwanderung auch künftig der gesamtwirtschaftlichen Entwicklung in der gesamten Bundesrepublik eher förderlich sein; dies gilt um so mehr, je höher der Anteil jüngerer und qualifizierter sowie unternehmerisch orientierter Personen an den Zuwanderern ist und je besser es gelingt, auch die Kinder der Zuwanderer gut auszubilden. Ob es längerfristig wegen des zuwanderungsbedingt vermehrten Arbeitsangebots zu einer dauerhaft hohen strukturellen Arbeitslosigkeit und zu einer Verlangsamung der arbeitsplatzsparenden Investitionstätigkeit kommt, was den Strukturwandel der deutschen Volkswirtschaft verlangsamen und die Wettbewerbsfähigkeit der deutschen Wirtschaft schwächen könnte, erscheint mit Blick auf die absehbare Schrumpfung der einheimischen Bevölkerung in Deutschland eher unwahrscheinlich. Daraus folgt, daß eine weitere Zuwanderung längerfristig geradezu eine Voraussetzung für Innovation, Strukturwandel und weiteres Wirtschaftswachstum ist, was sich im übrigen auch nach den vorliegenden angebots- wie nachfrageorientierten bevölkerungsökonomischen Ansätzen der Wachstumstheorie ergibt. Die empirische Fundierung dieser Ansätze ist freilich noch nicht besonders intensiv gelungen. – vor allem, was den Zusammenhang zwischen Größe und dem Altersaufbau einer Bevölkerung auf der einen Seite und dem wirtschaftlichen Wachstum und dem (sektoralen, regionalen und beruflichen) Strukturwandel auf der anderen angeht.

In demographischer Hinsicht ist zu berücksichtigen, daß Zuwanderer im allgemeinen, aber etwa schon die Aussiedler aus Osteuropa allein, einen spürbaren Beitrag zur Abschwächung des langfristigen Rückgangs der heimischen Bevölkerung leisten können. Dies wird oft als Voraussetzung dafür genannt, einer längerfristig eintretenden Verknappung des Arbeitsangebots in Deutschland entgegenwirken zu können: Bei der absehbaren Entwicklung von Geburtenraten und Lebenserwartung der heimischen Bevölkerung wird es nach der Jahrtausendwende zu einer demographischen Lücke von jahresdurchschnittlich etwa 200.000 bis 300.000 Personen kommen; selbst wenn man freilich jährlich Zuwanderer in dieser Größenordnung nach Deutschland kommen ließe – und dies könnten wiederum allein Aussiedler aus Osteuropa sein –, erscheint es kaum möglich, zu einer generellen Umkehrung des seit Mitte der 70er Jahren zu beobachtenden Alterungsprozesses der deutschen Bevölkerung zu kommen – einfach deshalb nicht, weil die Zuwanderer im Laufe der Zeit das gleiche Geburtenverhalten an den Tag legen wie die schon ansässige Bevölkerung. Zuwanderung erscheint somit nicht in jedem Fall geeignet, die gesetzliche Rentenversicherung, die sich vor allem ab der zweiten Dekade nach der Jahrtausendwende aufgrund einer zunehmend ungünstigeren Proportion zwischen Beitragszahlern und Rentenbeziehern schnell zunehmenden Belastungen gegenübersieht, zu sanieren; dies gilt auch deshalb, weil die Zuwanderer mit ihrer Erwerbstätigkeit in der Regel Rentenanwartschaften erwerben, die in längerer Frist zu Ansprüchen auf Rentenzahlungen führen.

Überhaupt kann die Befürwortung weiterer Zuwanderung, die vor allem mit Hinweis auf die längerfristig zu erwartende Verknappung von Arbeitskräften und – als Folge davon – mit Blick auf die demographischen Belastungen der Rentenversicherung vorgetragen wird, nicht ohne weiteres überzeugen. Eine Zuwanderung ist auch längerfristig dann nicht erforderlich, wenn die ansässigen Arbeitskräfte bereit sind, zum Ausgleich für ihre mangelnde natürliche Reproduktion und die daraus folgende demographisch bedingte Verknappung des Erwerbspersonenpotentials entweder länger zu arbeiten oder geringere (Netto-)Einkommenszuwächse zu akzeptieren. In welcher Form die Arbeitszeit verlängert werden könnte, ob in Gestalt einer geringeren Freizeit, in Gestalt längerer Lebensarbeitszeit oder erhöhter Erwerbsbeteiligung, z. B. von ansässigen Frauen, oder durch eine Kombination von allem, kann der Entscheidung des einzelnen bzw. der Tarifparteien und der Setzung entsprechender Rahmenbedingungen durch den Staat vorbehalten bleiben. Jedenfalls müßten die Erwerbstätigen jährliche Einbußen bei ihren Einkommenssteigerungen – in Form geringerer Einkommenszuwächse oder geringerer Freizeit – in Höhe von grob gerechnet einem halben Prozentpunkt hinnehmen. Wenn man davon ausgeht, daß die absehbare Steigerung ohnehin insgesamt 1 bis 2 nicht überschreiten dürfte, ist zu erkennen, welche ökonomische Konsequenzen für die ansässigen Erwerbstätigen der Verzicht auf weitere Zuwanderung in die Bundesrepublik bedeuten kann. Es hat den Anschein, daß es aus demographischen Gründen einen trade-off zwischen Zuwanderung und (Netto-)Einkommenssteigerungen für die ansässige Bevölkerung in Deutschland kommen könnte.

Die ökonomischen Auswirkungen der Zuwanderung sind indes nicht nur auf Deutschland beschränkt; es ergeben sich auch wirtschaftliche und soziale Folgen für die Herkunftsländer. Diese Folgen sind nicht zuletzt aus unseren Interessen heraus mitzuberücksichtigen; die Konsequenzen für die Herkunftsländer hängen von der dortigen demographischen und wirtschaftlichen Situation und von der fachlichen bzw. beruflichen Struktur der Abwanderer ab. Positive Effekte sind z.B. Überweisungen von DM-Devisen durch die Abgewanderten in ihre Herkunftsländer; diese Mittel kommen freilich über kurz oder lang auch wieder der Bundesrepublik zugute. Darüber hinaus eröffnet die Abwanderung die Möglichkeit, die vielfach bestehende hohe, offene und verdeckte Arbeitslosigkeit abzubauen.

Die Abwanderung konzentriert sich nun erfahrungsgemäß vor allem auf jüngere und qualifiziertere Arbeitskräfte. In diesen Fällen gehen den Abwanderungsländern die von ihnen geleisteten Ausbildungsinvestitionen verloren. Der etwa mit der Arbeitsemigration aus Ost- und Südosteuropa nach Westen einhergehende "brain drain" könnte den wirtschaftlichen Aufholprozeß dieser Ländergruppe verzögern. Die wirtschaftliche Entwicklung zwischen Zuwanderungsländern auf der einen Seite und den Abwanderungsländern auf der anderen könnte sich nur langsam annähern und – aufgrund enttäuschter Erwartungen – den Wanderungsdruck aufrechterhalten. Eine Möglichkeit, dem zu begegnen, wäre es, auf der Grundlage stabilisierter politischer, wirtschaftlicher und sozialer Verhältnisse in den Abwanderungsländer die Wirtschaftsbeziehungen zwischen den Zuwanderungs- und den Herkunftsländern zu intensivieren und die Arbeitsemigration in ein umfassendes System eines Waren- und Kapitalaustauschs einzubeziehen. Auf diese Weise käme es zumindest teilweise zu einem entwicklungspolitisch wichtigen Rückfluß der Wohlfahrtsgewinne in die Abwanderungsländer. In bezug auf die Reformstaaten in Ost- und Südosteuropa hat die Europäische Gemeinschaft eine erhebliche Verantwortung. Sie sollte ihren Binnenmarkt öffnen und verstärkte Importe über ihre Grenzen zulassen, um Wohlfahrtsgewinne auch in Ost- und Südosteuropa zu ermöglichen und den Wanderungsdruck in Richtung Westen zu verringern.

Ulrich Herbert

Saisonarbeiter – Zwangsarbeiter – Gastarbeiter
Zur historischen Dimension einer aktuellen Debatte

Die Debatte um Asylbewerber und Ausländerfeindlichkeit bestimmt seit Jahren die innenpolitische Auseinandersetzung in Deutschland wie sonst nur noch die wirtschaftlichen und sozialen Folgeprobleme der Wiedervereinigung. Sie wird mit großer und offenbar zunehmender Schärfe geführt und ist durch drei Faktoren gekennzeichnet, die vorab genannt werden sollen:

1. **Durch die Fiktion der Voraussetzungslosigkeit;** betrachtet man die Debatte der sog. "Ausländerfrage" in längerer Perspektive, so fällt auf, daß sie seit den 70er Jahren alle vier, fünf Jahre aufs neue entbrennt und jedesmal so tut, als seien plötzlich ganz neue Probleme aufgetaucht. Tatsächlich aber wird die Debatte um den Zuzug von Ausländern in Deutschland seit mehr als 100 Jahren unter den im wesentlichen gleichen Fragestellungen und mit den gleichen Frontlinien geführt.

2. **Durch ideologisch-moralischen Fundamentalismus;** auf der einen Seite wird die massenhafte Zuwanderung als Bedrohung der – je nach Sprachgebrauch – kulturellen, ethnischen oder völkischen Identität der Deutschen bekämpft – was in einem Land, das es als Nationalstaat erst seit 120 Jahren gibt und dessen Teile sich zuvor gegenseitig als "Ausland" deklarierten, besonders eigentümlich wirkt; insbesondere dann, wenn die Parole von dem Boot, das voll sei, mit der Besorgnis, die Deutschen stürben aus, offenbar problemlos verkoppelt wird. Auf der anderen Seite werden alle Versuche der Begrenzung oder Verringerung der Zuwanderung als Ende des liberalen Rechtsstaats gebrandmarkt, die unbegrenzte Zuwanderung von Ausländern als moralisch gebotene Pflicht angesichts der Not in den Armutsregionen der Welt angesehen und die daraus erwachsenden Konflikte im Lande als bloß ideologische Verirrungen verstanden, denen durch moralische Appelle zu begegnen sei.

3. Durch die Fiktion der "Lösbarkeit"; sowohl Befürworter einer radikalen Zuwanderungssperre als auch Verfechter einer radikalen Grenzöffnung suggerieren, auf diese Weise seien bestehende Konflikte und Probleme (womöglich schnell) lösbar; daß es in der Praxis vielmehr um Abmilderung und Steuerung, um pragmatische und mittelfristige Korrekturversuche der Auswirkungen einer globalen und die Einwirkungsmöglichkeiten eines Einzelstaates bei weitem übersteigenden Entwicklung geht, wird übersehen oder unterschlagen. Bei solchen ideologischen und moralischen Zuspitzungen hilft bisweilen ein nüchterner Blick in die historische Entwicklung dieser Problematik, weil auf diese Weise langfristige Trends und kurzzeitige Faktoren bestimmt und sowohl die Handlungsspielräume als auch die weiterwirkenden Traditionen erkannt werden können.[1]

I. Als wirtschaftlich stärkstes Land in der Mitte Europas ist Deutschland seit Beginn der Hochindustrialisierung vor mehr als 100 Jahren Anziehungspunkt für Arbeiter aus den wirtschaftlich weniger entwickelten Ländern des Ostens und des Südens. Für die deutsche Wirtschaft war dies seit jeher finanziell attraktiv, denn so verfügte man über ein Reservepotential an Arbeitskräften, und es waren zunächst vor allem Polen, die in Zeiten guter Konjunktur geholt und bei wirtschaftlichen Krisen wieder weggeschickt werden konnten. Dabei wurden die Vorteile der Beschäftigung von Ausländern auf seiten der deutschen Wirtschaft vor allem darin gesehen, daß sie niedrigere Löhne, schlechtere Arbeitsbedingungen und flexible Einsetzbarkeit garantierten, zugleich aber den wirtschaftlichen Bedingungen entsprechend gehuert und gefeuert werden konnten.

So faßte der spätere Präsident der Reichsanstalt für Arbeitsvermittlung und Arbeitslosenversicherung, der Vorläuferin der heutigen Bundesanstalt für Arbeit, Friedrich Syrup, die mit der Beschäftigung von Aus-

---

1 Zum folgenden s. ausf. Ulrich Herbert: Geschichte der Ausländerbeschäftigung in Deutschland. Saisonarbeiter, Zwangsarbeiter, Gastarbeiter, Berlin/Bonn 1986; sowie Klaus-J. Bade (Hrsg.): Deutsche im Ausland – Fremde in Deutschland – Migration in Geschichte und Gegenwart, München 1992. In beiden Bänden finden sich zahlreiche Hinweise auf die historische und sozialwissenschaftliche Spezialliteratur.

ländern in Deutschland bis 1914 gemachten Erfahrungen folgendermaßen zusammen:

"Es ist fraglos, daß die deutsche Volkswirtschaft aus der Arbeitskraft der im besten Alter stehenden Ausländer einen hohen Gewinn zieht, wobei das Auswanderungsland die Aufzuchtkosten bis zur Erwerbstätigkeit der Arbeiter übernommen hat. Von noch größerer Bedeutung ist jedoch das Abstoßen oder die verminderte Anwerbung der ausländischen Arbeiter in Zeiten wirtschaftlichen Niederganges. Die ausländischen Tagelöhner zeigen die größere Bereitwilligkeit, grobe und schwere Arbeiten zu übernehmen, als die auf höherer Kulturstufe stehenden deutschen Arbeiter. Ihnen sind gewisse Arbeiten vorbehalten, die der deutsche Arbeiter nur mit Widerstreben ausführt. Das Abstoßen dieser Arbeiten auf die Ausländer bedeutet keine Entartung, sondern eine in hygienischer Beziehung erwünschte Förderung der Volkskraft. Ist es unvermeidlich, ausländische Arbeiter heranzuziehen, so erscheint es auch sozialpolitisch angezeigt, sie gerade mit den niedrigsten, keine Vorbildung erfordernden und am geringsten entlohnten Arbeiten zu beschäftigen, denn dadurch besteht für die einheimische Arbeiterschaft gleichzeitig der beachtenswerte Vorteil, daß ihr der Aufstieg von der gewöhnlichen, niedrig entlohnten Tagelöhnerarbeit zu der qualifizierten und gut entlohnten Facharbeit wesentlich erleichtert wird."

Von Beginn an aber ebenso präsent waren auch die heftigen Vorbehalte gegen die Heranziehung von ausländischen, zumal von polnischen Arbeitern, denn:

"Die Vermischung mit all diesen fremden Elementen kann für die Reinheit der germanischen Stämme nur verhängnisvoll sein. Möge die Vorsehung Deutschland davor bewahren, seine eigenen Landeskinder zugunsten fremder Staatsangehöriger verkommen zu lassen"

- so ein Leipziger Arbeitsrechtler schon 1910; und selbst die Sozialdemokratie war vor solchen Tendenzen nicht sicher, in den "Sozialistischen Monatsheften" konnte man 1904 heftige Angriffe lesen gegen die "Überschwenglichkeit eines Internationalen, der jeden Ausländer, und sei es der schmierigste Chinese oder der unkultivierteste Botokude, in schwärmerischer Begeisterung an sein Herz drückt."

Vor allem aber zeigte sich, daß die genannten wirtschaftlichen Vorteile der Beschäftigung ausländischer Arbeitskräfte aus ökonomisch und sozial weniger entwickelten Ländern an die Voraussetzung gebunden war, daß die ausländischen Arbeiter im Hinblick auf Löhne und soziale Standards weiterhin die Verhältnisse in ihrem Heimatland zum Maßstab nahmen. Nach einigen Jahren aber, so stellten die deutschen Behörden und Betriebe zu ihrer nicht geringen Verblüffung fest, verblaßten die Erinnerungen an das Lebenshaltungsniveau in Galizien oder Russisch-Polen, und die Lage der deutschen Arbeiter wurde für die Ausländer zum Maßstab der Beurteilung ihrer eigenen Lage. Damit aber geriet der wirtschaftliche Nutzen, der aus den niedrigen Ausländerlöhnen gezogen werden konnte, in Gefahr – mit dem Erfolg, daß ein ausgeklügeltes System etabliert wurde, das die polnischen Arbeiter zwang, in jedem Jahr während der Wintermonate das Reichsgebiet zu verlassen, um im Frühjahr erneut um Arbeit in Deutschland nachzusuchen. Allerdings setzte dies eine strikte und möglichst lückenlose polizeiliche Kontrolle voraus; entsprechende Polizeiverordnungen entstanden, und ein eigenes, repressives Ausländerrecht etablierte sich, das in den Folgejahren fortwährend verschärft wurde.

Auf der anderen Seite zeigte das Beispiel der sogenannten "Ruhrpolen", daß ohne solche Restriktionen ganz andere Entwicklungen Platz griffen. Denn bei dieser Gruppe handelte es sich meist um Landarbeiter aus dem von Preußen okkupierten Westteil Polens um Posen – mithin also um preußisch-deutsche Staatsangehörige, denen gegenüber Ausweisungs- und "Rotations"-Maßnahmen nicht griffen. Mit aller Macht, die den deutschen Behörden zur Verfügung stand, sollten diese von den Gruben- und Schlotbaronen des Reviers güterwaggonweise ins Ruhrgebiet geholten Menschen, die in der Regel polnisch sprachen, sich als Polen fühlten und ganz von der katholisch-agrarischen Tradition Polens geprägt waren, "germanisiert" und spurenlos in die preußisch-deutsche Gesellschaft "integriert" werden. Aber gerade dagegen wandten sich diese meist jungen und von der ihnen fremden und furchteinflößenden Welt des wildwuchernden Industrielandes an der Ruhr verunsicherten

Arbeiter; sie pflegten ihre eigene Kultur und ihren engen Zusammenhalt in den Einwanderervierteln. Erst in der zweiten und dritten Generation flachte dieser kulturelle und nationale Beharrungswille ab, und es kam zu einer langsamen Vermengung der verschiedenen landsmannschaftlichen und sozialen Milieus im Einwandererland Ruhrgebiet – also gerade keine "Integration" der Zugewanderten in die Gesellschaft der "Einheimischen", die es ja an der Ruhr kaum gab, sondern ein langfristiger, schwieriger und stark von der wirtschaftlichen Dynamik abhängiger Prozeß, der sich als politisch kaum wirklich steuerbar erwies.

Die Gesamtzahl der ausländischen Arbeiter in Deutschland lag 1914 bei etwa 1,2 Millionen, die der "Ruhrpolen" bei knapp 500.000, wobei die letzteren ausschließlich, die anderen zu zwei Dritteln in der Industrie beschäftigt waren. Das waren erstaunlich hohe Zahlen, entsprechend intensiv wurde auch das "Ausländerproblem" in der wilhelminischen Gesellschaft diskutiert; es gehörte in dem Jahrzehnt vor Beginn des Ersten Weltkrieges zu einem der ständig und kontrovers diskutierten Fragen des Kaiserreichs; wobei die Spaltung quer durch die gesamte Gesellschaft – und auch durch die organisierte Arbeiterbewegung – verlief und die sozialen Folgeprobleme des seiner Identität noch nicht sicheren neuen deutschen Nationalstaates gewissermaßen ideologisch aufgeladen wurden.

Während der Jahre der Weimarer Republik ging die Zuwanderung von ausländischen Arbeitern angesichts der wirtschaftlichen Misere in Deutschland rapide zurück; im Mittelpunkt der öffentlichen Auseinandersetzung über Fremde standen in diesen Jahren vielmehr die Juden, wobei der Antisemitismus in der Zuwanderung der sogenannten "Ostjuden" zwar einen willkommenen, agitatorisch nutzbaren Ansatzpunkt fand, angesichts von weniger als 500.000 Juden in ganz Deutschland aber nicht allein oder vorwiegend als ideologische Reaktion auf tatsächliche bestehende soziale Konflikte verstanden werden kann. Gleichwohl überlagerte der Topos vom orthodoxen, fremdartigen Ostjuden das Bild des integrierten jüdischen Deutschen und lieferte sowohl dem traditionellen, an die religiöse Judenfeindschaft anknüpfenden "Radauantisemitismus" den Ansatzpunkt für seine Obsessionen, als auch dem "seriösen", "rassenbiologischen" Antisemitismus den Beleg für die postulierten "rassischen" Eigenschaften der Juden insgesamt.

Die eben angesprochenen Widersprüche zwischen wirtschaftlichen und ideologischen Aspekten der Zuwanderung von Ausländern, vor allem von ausländischen Arbeitern, fanden ihren Höhepunkt ausgerechnet in der Zeit des NS-Regimes. Denn seit Kriegsbeginn im Herbst 1939 rekrutierten die deutschen Arbeitsämter im Verein mit Betrieben, Wehrmacht und Sicherheitspolizei zunächst wiederum aus Polen, dann nach und nach aus allen besetzten Ländern Europas Millionen ziviler und kriegsgefangener Arbeitskräfte für den "Arbeitseinsatz im Reich", weil ohne diese im Sommer 1944 schließlich acht Millionen zum größten Teil zwangsweise in die deutschen Fabriken und auf die Bauernhöfe deportierten "Fremdarbeiter" weder der Krieg zu führen noch die deutsche Bevölkerung auf dem geforderten hohen Niveau mit Lebensmitteln zu versorgen gewesen wäre. Millionen von ausländischen, "fremdvölkischen" Arbeitern ins Land zu holen, war jedoch ein eklatanter Verstoß gegen die politischen Grundsätze des Nationalsozialismus; und die Gefährdung der "deutschen Blutreinheit" durch völkische Überfremdung wurde in der Regimeführung laut beklagt. Eine strikte rassistische Hierarchie wurde daher entwickelt, in der die deutschen Arbeiter ganz oben, die polnischen und vor allem die sowjetischen Zwangsarbeiter ganz unter standen und unter wahrhaft schrecklichen Arbeits- und Lebensbedingungen litten. 1944 war beinahe jede dritte Arbeitskraft in Deutschland ein "Fremdarbeiter" (oder eine "Fremdarbeiterin", denn die zivilen Zwangsarbeiter aus dem Osten waren zu mehr als 50 % Frauen), die von den Deutschen beaufsichtigt, angelernt und reglementiert wurden. Der sogenannte "Ausländereinsatz" in Deutschland während des Zweiten Weltkrieges ist der größte Fall der massenhaften, zwangsweisen Verwendung von ausländischen Arbeitskräften in der Geschichte seit dem Ende der Sklaverei in den USA in der Mitte des 19. Jahrhunderts.

Als aber nur 16 Jahre nach dem Kriege, im Jahre 1961, die Beschäftigung von Ausländern in der Bundesrepublik in größerem Umfang wieder begann, wurde auf diese Vorgeschichte der "Gastarbeiter"-Beschäftigung öffentlich mit keinem Wort eingegangen; die erneute Heranziehung von ausländischen Arbeitskräften begann vielmehr unter der Suggestion der Geschichtslosigkeit. Der Grund für diesen Wahrnehmungsbruch aber lag vor allem darin, daß die freiwerdenden Arbeitsplätze der ausländischen Zwangsarbeiter nach deren Rückkehr in ihre Heimatländer von den aus den besetzten Ostgebieten und der sowjetischen Besatzungszone, der späteren DDR, nach Westdeutschland strömenden deutschen Flüchtlingen und Vertriebenen eingenommen wurden. Wenn man bedenkt, daß bis 1960 13,2 Millionen Flüchtlinge in der Bundesrepublik Aufnahme fanden, die also beinahe ein Viertel der westdeutschen Gesamtbevölkerung stellten, so wird die Größenordnung dieser Wanderungsbewegung deutlich.

Nun war und ist die Geschichte der Integration der "Vertriebenen" in die Gesellschaft der Bundesrepublik eine Erfolgsgeschichte insofern, als sich die zeitgenössisch so sehr befürchtete soziale und politische Sprengkraft, die sich aus dieser Zuwanderung ergab, langfristig als nicht explosiv herausstellte: Großzügige Wohnungsbauprogramme, finanzielle Starthilfen, vor allem aber der unbedingte Wiederaufstiegswille der Vertriebenen ließen die Unterschiede zwischen Einheimischen und Zugewanderten, was die soziale Struktur anbetraf, bald in den Hintergrund treten. Das lag aber vor allem daran, daß nach dem Kriege die ganze Gesellschaft "in Bewegung" war – von den rückkehrenden Soldaten über die zurückgeführten Kinder aus der Kinderlandverschickung bis zu dem Heer der Ausgebombten. Und was heute oft vergessen wird: Die Konflikte zwischen Alteingesessenen und "Neubürgern" waren durchweg erheblich und reichten bis weit in die 50er Jahre hinein – vor allem dort, wo Vertriebene aus dem Osten auf relativ homogene soziale und kulturelle Milieus stießen. Für die ländliche Bevölkerung etwa in Westfalen, Bayern oder Nordhessen war der Unterschied zwischen einem polnischen Zwangsarbeiter aus Lodz und einem Vertriebenen aus Masuren nicht so groß. Entsprechend scharf war die Ablehnung der neuen Fremden, die nun nicht wie vorher die Zwangsarbeiter von den Einheimischen befehligt werden durften, sondern gar durch "Lastenausgleich" und günstige Kredite "privilegiert" wurden, was an manchen Orten zu regelrechten Eruptionen der Fremdenfeindlichkeit führte, die in starkem Kontrast standen zu den offiziellen Verlautbarungen über den praktizierten Gemeinsinn des deutschen Volks.

Als Flüchtlinge ausblieben, kamen die "Gastarbeiter" – spätestens seit dem Bau der Berliner "Mauer" im August 1961 war es soweit, weil nun der Zustrom der Flüchtlinge aus der DDR jäh unterbrochen worden war. Von 1960 bis 1966 stieg die Zahl der ausländischen Arbeitskräfte in der Bundesrepublik von 300.000 auf 1,2 Millionen. Dabei knüpften die westdeutschen Behörden und Betriebe – unter geflissentlicher Umgehung der Kriegszeit – wie selbstverständlich an die Entwicklung während der Wilhelminischen Ära an. Allen "volkstumspolitischen" Bedenken zum Trotz schienen Ausländer für die dynamisch wachsende Wirtschaft in Westdeutschland erneut unentbehrlich und wurden durch massive Anwerbungskampagnen nach Deutschland gebracht. Lohnend war das aber nur, solange, wie gehabt, der Lebensstandard in den Entsendeländern der Vergleichsmaßstab für die nun herangebrachten Italiener, Spanier, Portugiesen, Jugoslawen, Griechen, erst später auch Türken blieb. Der "wesentliche Vorteil" der Beschäftigung von Ausländern (die übrigens umgangssprachlich zunächst weiterhin "Fremdarbeiter" genannt wurden, bis das als zu peinlich empfunden und durch das verräterisch-freundliche "Gastarbeiter" ersetzt wurde) liege darin, wie die "Frankfurter Allgemeine" schon im Jahre 1959 betonte, daß "bei eventueller Arbeitslosigkeit in Deutschland die ausländischen Arbeiter wieder zurückgeschickt werden können." Wie selbstverständlich wurde davon ausgegangen, daß der Aufenthalt der "Gastarbeiter" auf ein paar Jahre beschränkt bliebe; daß sich aus der Ausländerbeschäftigung längerfristige Folgeprobleme ergeben könnten, wurde in den frühen 60er Jahren nicht einmal ansatzweise thematisiert. Vielmehr wurde sie als deutscher Beitrag zur Völkerverständigung gefeiert und führe, so der damalige Arbeitsminister Blank, "zur Verschmelzung Europas und der Annäherung von Menschen verschiedener Herkunft und Gesittung in Freundschaft"; ja sogar als "ein Stück Entwicklungshilfe für die südeuropäischen Länder" wurde sie bezeichnet.

Als dann 1966/1967 der wirtschaftliche Ernstfall eintrat und Westdeutschland seine erste konjunkturelle Nachkriegskrise erlebte, schien es so, als würde die Theorie vom "Gast"-Arbeiter glänzend bestätigt werden, denn binnen kurzem sank die Zahl der Ausländer in der Bundesrepublik um fast 400.000, wobei es sich dabei vorwiegend um solche Arbeiter handelte, die sich erst seit kurzem in Westdeutschland aufhielten.

Nachdem die "Gastarbeiter" also ihre Tauglichkeit als konjunkturelles Ausgleichsinstrument unter Beweis gestellt zu haben schienen, wurden folgerichtig in den Boomjahren bis 1973, jetzt aber unter sozialdemokratischer Ägide, mehr als zwei Millionen Ausländer zusätzlich in die prosperierende westdeutsche Wirtschaft gepumpt. Sie kamen nun vor allem aus der Türkei, weil Arbeiter dort leicht zu haben waren, bei denen die Differenz zwischen sozialem Standard zu Hause und dem in der Bundesrepublik und damit ihr "wirtschaftlicher Nutzen" entsprechend groß war.

Anfang der 70er Jahre aber machte sich bei den Arbeitsmarktexperten in Westdeutschland eine deutliche Unruhe breit, die ihren Grund in einer neuen, für sie ganz überraschenden Entwicklung hatte: Die Zahl der Rückkehrer sank, die der nachgeholten Familien der "Gastarbeiter" stieg. Viele von ihnen waren das Leben in Barackenlagern leid und sahen sich nach richtigen Wohnungen um – alles deutete darauf, daß diese Menschen nun offenbar vorzuhaben schienen, für länger hierzubleiben, wenn nicht gar – horribile dictu – für immer!

Nun hätte ein Blick in die eigene Geschichte oder auch in die Gegenwart der benachbarten Schweiz, wo die Beschäftigung von Ausländern einige Jahre früher als Westdeutschland eingesetzt hatte, gezeigt, daß eine solche Entwicklung mit einiger Regelmäßigkeit nach etwa 10 Jahren Aufenthaltsdauer im Einwanderungsland einzusetzen pflegt und nicht umkehrbar ist, es sei denn, mit massenhafter und drakonischer staatlicher Gewalt. Die westdeutschen Behörden und Betriebe begannen sogleich nachzurechnen, und im "Handelsblatt" wurde das Ergebnis im Frühjahr 1971 folgendermaßen präsentiert:

"Der nichtintegrierte, auf sehr niedrigem Lebensstandard vegetierende Gastarbeiter verursachte relativ geringe Kosten von vielleicht 30.000 DM. Bei Vollintegration muß jedoch eine Inanspruchnahme der Infrastruktur von 150.000 bis 200.000 DM je Arbeitnehmer angesetzt werden. Hier beginnen die politischen Aspekte des Gastarbeiterproblems."

Nun war guter Rat teuer, zumal sich unter der westdeutschen Bevölkerung Stimmen breit machten, die angesichts des offenbar längerfristigeren Aufenthalts der "Gastarbeiter" und ihrer steigenden Ansprüche die "volkstumspolitischen" Aspekte des "Gastarbeiterproblems" in einer Weise thematisierten, die vor allem im Ausland zu unliebsamer Aufmerksamkeit führte. Von seiten der Industrieverbände wurde nun sogleich ein Vorschlag gemacht, der sich 60 Jahre zuvor ja als sehr erfolgreich herausgestellt hatte: das "Rotationssystem", wonach die ausländischen Arbeiter nach ein paar Jahren wieder nach Hause geschickt und durch andere ersetzt werden könnten; dadurch seien sowohl die wirtschaftlichen, durch den Anstieg des Anspruchsniveaus der Ausländer hervorgerufenen, als auch die "volkstumspolitischen" Probleme zu lösen. Das erwies sich aber schnell als nicht durchführbar – zum einen, weil die Betriebe ihre eingearbeiteten Kräfte nicht wieder abgeben wollten, zum anderen, weil ein großer Teil der ausländischen Arbeiter aus EG-Staaten stammten und somit rechtliche und politische Bedenken erhoben wurden. So entschied man sich, wenn man denn schon die hier bereits befindlichen Ausländer nicht zur Rückkehr zwingen konnte, doch den weiteren Zuzug zu verhindern. Im Windschatten des "Ölboykotts" der OPEC-Staaten von 1973 erließ die Regierung einen Anwerbestopp, und brav wies die "Frankfurter Rundschau" auf die vermeintlichen Urheber dieser Maßnahme hin:

"So verderben die Araber mit ihrem Ölboykott auch so manchem türkischen Glaubensbruder den Traum vom Taxibetrieb in Istanbul".

Das ist nun exakt 20 Jahre her, und seit 20 Jahren tappt die Diskussion über das "Ausländerproblem" in der Bundesrepublik mit hoher Intensität auf der Stelle. Dabei hat es nicht an politischen Initiativen gefehlt, aber bei näherem Hinsehen wird schnell deutlich, daß selbst gutgemeinte Maßnahmen oft schon nach kurzer Zeit neue Probleme mit sich brachten.

Denn das vornehmliche Kalkül der Initiatoren des "Ausländer-Zuzugstopps" erwies sich eben als falsch. Die Zahlen der im Lande lebenden Ausländer verminderten sich nicht, sondern begannen nach einiger Zeit sogar wieder zu steigen. Binnen weniger Jahre erwies sich die Vorstellung vom bald wieder rückkehrenden "Gast"-arbeiter als Schimäre – aus den Arbeitsemigranten waren Einwanderer geworden. Zugleich dachten diese gleichen Einwanderer aber auch nicht daran, sich den ebenso hektisch entworfenen Strategien der westdeutschen Sozialpolitik anzupassen, ob diese Konzepte nun "Assimilation", "Integration" oder "multikulturelle Gesellschaft" hießen, vielmehr verlief die subjektive Entwicklung vom "Gastarbeiter" zum "Einwanderer" langsam, zögerlich, nicht selten schmerzhaft und mit zahlreichen Brüchen – und vor allem auf nicht exakt vorhersehbare Weise.

Das ist nun durchaus kein Spezifikum für die Entwicklung in der Bundesrepublik, sondern ein Kennzeichen aller Einwanderungsprozesse. Selbst bei den Amerika-Auswanderern der Jahrhundertwende wollte ein großer Teil "nur für ein paar Jahre" zum Arbeiten in die USA – ihre Enkel in Winsconsin hingegen wissen heute meist gar nicht mehr, woher die Großeltern stammten. Dieser Prozeß ist nicht umkehrbar. Es gibt nirgendwo auch nur Anzeichen, daß die ausländische Bevölkerung in absehbarer Zeit in ihre "Heimat" zurückkehren würde; wo soll die auch liegen, wenn zwei Drittel der Ausländer bereits länger als 10 Jahre in Deutschland leben und beinahe ein Drittel von ihnen bereits hier geboren ist. Dem steht aber entgegen, was von Beginn an die Grundlage der Ausländerpolitik aller Bundesregierungen war und ist: die Bundesrepublik sei kein Einwanderungsland. Diese durchgehende Haltung stützt sich, wie gesehen, auf eine lange Tradition; vor allem aber auf einen spezifischen Begriff von dem, was unter "Deutsches Volk" zu verstehen ist – und damit sind wir beim zweiten Teil des Problems.

II. Seit der Gründung der Bundesrepublik als Teilstaat, aus dem, so die Überzeugung nahezu aller Politiker und auch des überwältigenden Teils der westdeutschen Bevölkerung bei Gründung der Republik, eines Tages wieder ein vereinigtes Deutschland werden würde, ist das Staatsvolk der Westdeutschen nicht durch Staatsangehörigkeit definiert, sondern durch einen aus Geschichte, Kultur, Selbstverständnis und "ethnischer Zugehörigkeit" zusammengesetzten Begriff vom "Deutschen Volk", das nach dem Kriege weit über Europa verstreut war. Das war nun keine Erfindung westdeutscher Revanchepolitiker, auch nicht der Nationalsozialisten, sondern Ausdruck der deutschen Geschichte, weil "deutsch" zu sein eben über eine lange Ära hinweg nicht mit der Zugehörigkeit zu einem bestimmten Staatsgebilde verknüpft war, sondern gerade wegen des Fehlens einer nationalstaatlichen Definition sich um so stärker als Bezeichnung für die Zugehörigkeit zu einem Kulturkreis, einer Tradition, einem Gefühl entwickelte.

Das änderte sich auch nicht nach Gründung eines Deutschen Reiches, das eben auch nicht alle "Deutschen" umfaßte, zumal nach der Abtrennung von Gebieten mit "deutscher" Bevölkerung nach dem Ersten Weltkrieg. Der sich daraus entwickelnde und nach 1933 explodierende deutsch-völkische Chauvinismus brauchte schon zur Selbstdefinition die Abgrenzung von dem, was als "fremd" und nicht-deutsch definiert wurde, und fand während des Zweiten Weltkriegs seinen mörderischen Ausdruck. Zugleich aber wurden als Reaktion darauf die Deutschen außerhalb des "Reiches", ob sie sich nun als solche empfanden oder nicht, massiv unterdrückt, insbesondere die deutsche Minderheit in der Sowjetunion, die unter Stalin ein schreckliches Schicksal der massenhaften Deportation erlebte und seither verstreut in abgelegenen Regionen der UdSSR leben mußte. Angesichts dieser Situation und der Millionen von Vertriebenen wurde der metaphysische, aber geschichtsmächtige Begriff vom "Deutschen Volk" nach dem Kriege in der neugegründeten Bundesrepublik als ganz selbstverständlich empfunden und wird es bei vielen wohl auch noch heute. So haben alle Bundesregierungen sich seit den späten 60er Jahren heftig für die unter dem Stichwort "Familienzusammenführung" firmierende Auswanderungsmöglichkeit für Deutsche aus Polen, der UdSSR und anderen Ostblockstaaten in die Bundesrepublik eingesetzt. Daß daraus einmal ein Problem der deutschen Innenpolitik werden könnte, daran wurde zu dieser Zeit nicht einmal gedacht; obwohl die Erfahrungen der Konflikte zwischen Einheimischen und Vertriebenen in den frühen 50er Jahren hier zum Nachdenken hätten Anlaß geben können. Als aber nun vor einigen Jahren in den Staaten des ehemaligen Ostblocks die jahrzehntelangen Wünsche und Forderungen der Bundesrepublik vor allem von Polen und der zerfallenden UdSSR erfüllt und den "deutschstämmigen" Einwohnern dieser Länder in großer Zahl die Ausreise erlaubt wurde, ging die westdeutsche Regierung (und dabei war es zunächst von untergeordneter Bedeutung, daß es sich gerade um eine konservative handelte) wie selbstverständlich davon aus, daß sich der abstammungsbezogene "völkische" Begriff von dem, was ein Deutscher sei, in der deutschen Gesellschaft erhalten habe. Denn Grundgesetz und eine große Zahl einzelner gesetzlicher Bestimmungen legen fest, daß "deutschstämmige" Aussiedler wie Einheimische und aufgrund ihrer Notlage sogar mit bestimmten Vergünstigungen zu behandeln seien. Diese Erwartungen von Regierung und Behörden aber stellte sich, was das Verhalten der westdeutschen Bevölkerung angeht, als Irrtum heraus – denn die nun hereinströmenden "Spätaussiedler" wurden häufig gar nicht als "Deutsche" akzeptiert, und es erwies sich, daß sich der Konsens vom staatsübergreifenden Volkstumsbegriff in der bundesrepublikanischen Gesellschaft weitgehend verflüchtigt hatte. Dadurch aber werden die gesetzlichen Behandlungsvorschriften für Aussiedler als unverständliche und ungerechtfertigte Privilegien empfunden. Während nämlich die Fremdheit der "Gastarbeiter" durch ihre offenkundige Unterprivilegierung zumindest teilweise kompensiert wird, entstand durch die Verbindung von Fremdheit und als ungerechtfertigt empfundener Privilegierung der Aussiedler auch ihnen gegenüber ein Klima der Ablehnung, ja Feindseligkeit. Wie immer bei derartigen Phänomenen tritt dies am schärfsten in den sozialen Schichten auf, die mit den Fremden auf dem Arbeits- und Wohnungsmarkt in direkte Konkurrenz treten.

Damit waren nun schon zwei Probleme mit den "Fremden" in diesem Land ohne Lösung und Perspektive – gut vier Millionen "Gastarbeiter", die allen fremdenfeindlichen Eruptionen zum Trotz längst eine faktische Einwanderergruppe darstellten; auf der anderen Seite mehr als eine Million "Aussiedler", deren Einwanderung auf einer in der Gesellschaft mittlerweile als überholt angesehenen Definition vom "Deutschtum" basierte.

III. Seit Mitte, verstärkt dann seit Ende der 80er Jahre aber geriet eine dritte Gruppe in den Mittelpunkt der Auseinandersetzungen um die Zuwanderung von Ausländern nach Deutschland: die Asylbewerber. Nun ist die wirtschaftlich motivierte Massenwanderung von Ost nach West und Süd nach Nord kein spezifisch deutsches Problem, sondern Ausdruck der eklatanten und rapide wachsenden Unterschiede zwischen armen und reichen Regionen in Europa und der Welt. Deutschland ist aber insoweit davon in besonderer Weise betroffen, als es als das reichste und zugleich am weitesten östlich liegende Land des europäischen Westens ein im doppelten Sinne naheliegendes Ziel der armutsmotivierten Massenwanderung darstellt.

Die neuen Einwanderungsströme nach Westeuropa, die nach Deutschland vor allem über den Weg des Asylrechts sowie über den der deutschen Abstammung finden, sind zweifellos vorwiegend wirtschaftlich und sozial motiviert. Aber da wirtschaftlich schwache Länder in der Regel auch politisch instabile Regierungen und undemokratische Regimes besitzen, ist die Grenze zwischen politisch Verfolgten und sogenannten "Wirtschaftsflüchtlingen" oftmals nur willkürlich zu ziehen. Diese neue Wanderungswelle steht damit in der Tradition der seit der Industrialisierung zu beobachtenden Ost-West-Wanderung in Europa, die durch den "Eisernen Vorhang" während vier Jahrzehnten nur unterbrochen und gewissermaßen aufgestaut worden war. Diese Ost-West-Wanderung verbindet sich nun mit der seit dem Ende der Kolonialperiode in Gang gekommenen Süd-Nord-Wanderung als Teil des weltweit zu beobachtenden und rapide anwachsenden Flüchtlingsstroms. Bei beiden Entwicklungen handelt es sich um langfristige, politisch kaum und kurzfristig gar nicht steuerbare Prozesse. Wer hier auf schnelle Lösungen setzt, wird enttäuscht werden; wer sie verspricht, sagt die Unwahrheit.

Die Situation ist dabei im Westen und im Osten Deutschlands durchaus unterschiedlich. Es gibt im Gebiet der ehemaligen DDR gewiß auch eine spezifische Fremdenfeindlichkeit, die zum einen als Ausdruck der jahrzehntelangen Isolation und Abschnürung von Kontakten mit Ausländern im Alltag zu verstehen ist; zum anderen aber auch als Folge eines staatlich vorgegebenen Antifaschismus, der den einzelnen Bürgern die individuelle Auseinandersetzung mit Rassismus und NS-Vergangenheit und auch mit dem eigenen Verhalten unter dem NS-Regime abnahm. Die hier auftretenden Formen allgemeiner Fremdenfeindlichkeit, auch eines eklatanten Antipolonismus, sind also nicht allein die Folge der wirtschaftlichen Misere in der Ex-DDR, sondern auch der ideologischen, präziser gesagt: der moralischen. Im Vordergrund aber steht hier gleichwohl die ja nun denkbar reale Angst vor sozialem Abstieg in einer Zeit großer wirtschaftlicher Unsicherheit, die dazu führt, in Ausländern generell, in den Aussiedlern und Asylbewerbern im besonderen, eine bedrohliche Konkurrenz zu sehen. Nationalistische Parolen sind insofern eher als ideologische Überhöhung dieser sozialen Ausgangssituation zu verstehen und als Versuch, die Konkurrenz auf dem Arbeits- und Wohnungsmarkt sowie bei der Anwartschaft auf staatliche Sozialleistungen durch den Angriff auf jene Gruppen zu vermindern, deren Ansprüche am ehesten als angreifbar erscheinen. Dabei wird deutlich, daß das verbreitete Gefühl von Benachteiligung und Schlechterstellung gegenüber den Westdeutschen, das sich in Ostdeutschland herausgebildet hat, in den Ausländern gewissermaßen ein Ersatzziel gefunden hat; zumal seitdem sich herausstellt, auf welche Verletzungen von Tabus und Wertmaßstäben das westdeutsche Establishment am promptesten reagiert.

Auch in bezug auf Westdeutschland gibt es deutliche Hinweise darauf, daß die - wie immer in Krisenzeiten, so auch diesmal - zunehmend kritische Haltung gegenüber vor allem den neu hinzukommenden Ausländergruppen als Surrogat verschiedener Entwicklungen und Ängste zu verstehen und beileibe nicht allein oder auch nur vorwiegend auf ideologisch motivierte Fremdenfeindlichkeit zurückzuführen ist. Vielmehr stehen hier tatsächliche ebenso wie befürchtete soziale Bedrohungen im Vordergrund. Die rapide wirtschaftliche Expansion seit 1982 im Westen Deutschlands hat häufig übersehen lassen, daß die Segnungen dieses Aufschwunges den Westdeutschen in sehr unterschiedlicher Weise zugute gekommen sind. Von denjenigen aber, die sozial schwach geblieben sind (oder mehr noch, die ihren während der vergangenen Jahre mühsam errungenen sozialen Aufstieg nun angesichts der unsicherer gewordenen Zukunft in Gefahr wähnen), werden die neu hinzukommenden Ausländer als Konkurrenz wahrgenommen, als zusätzliche Teilhaber an einer sich tendenziell verkleinernden zu verteilenden finanziellen Gesamtmasse. Im übrigen wird auch deutlich, daß in nicht geringen Teilen der westdeutschen Bevölkerung der Unwille über die Kosten und die Umstände der Wiedervereinigung, der kein in der Öffentlichkeit akzeptiertes Ventil besitzt, in den Asylbewerbern (und Aussiedlern) gewissermaßen ein Ersatzziel gefunden hat.

Die anfänglichen, weithin unerwarteten, eruptiven Fälle der Gewalttätigkeit gegen Asylbewerber im Osten haben stimulierend auf die im Westen stets vorhanden, aber isoliert gewesene rechtsradikale Szene eingewirkt, die sich durch die Reetablierung nationaler Symbolik und Phraseologie seit dem November 1989 eh' auf dem Vormarsch wähnte. Diese von der überwiegenden Mehrheit der deutschen Bevölkerung im Osten wie im Westen gleichwohl weiterhin abgelehnte Szene hat hier einen Agitationspunkt gefunden, von dem aus sie ihre Isolation zu durchbrechen trachtet.

Ich will abschließend versuchen, aus der hier skizzierten historischen Entwicklung der Zuwanderung nach Deutschland einige Erfahrungssätze für die gegenwärtig diskutierte Problematik zu formulieren:

1. Es gibt kein nachvollziehbares Argument mehr gegen die Tatsache, daß Deutschland – gewollt oder nicht gewollt – ein Einwanderungsland ist; die Geschichte der Gastarbeiter seit den 60er Jahren kann sogar als geradezu klassischer – und im übrigen durchaus erfolgreicher – Einwanderungsprozeß begriffen werden. Gleichwohl kam es in der "alten Bundesrepublik" bis zu ihrem Ende nicht zu einer gesellschaftlichen Verständigung über eben diese Tatsache und die daraus zu ziehenden Schlußfolgerungen; dadurch aber steht angesichts der neuen Herausforderungen nach 1989 weder ein erprobtes Instrumentarium zu Steuerung von Einwandeurngsprozessen zur Verfügung, noch ein Bewußtsein von den bereits stattgehabten Einwanderungs- und Integrationsprozessen, das aufgrund dieser ja durchaus auch positiven Erfahrungen Ängste und Unsicherheit allein abbauen könnte.

2. Der Druck der armutsmotivierten Massenwanderung in den Richtungen Ost-West und Süd-Nord wird in Zukunft eher zu- als abnehmen, und zwar für lange Zeit. Kein noch so scharfes Reglementarium wird daran etwas Grundsätzliches verändern, allen hektischen Tagesdebatten zum Trotz. Auf der anderen Seite ist eine rationale und handhabbare Steuerung der Zuwanderung nach Deutschland schon aus innenpoliti-

schen Gründen unvermeidlich, und das Konzept eines Einwanderungsgesetzes vermutlich das sinnvollste. Auch ein solches Gesetz aber "löst" das Problem der armutsmotivierten Zuwanderung nicht, sondern rationalisiert lediglich seine Begrenzung und Steuerung, vermutlich in durchaus deliberalisierendem Sinne. Im Effekt wird es zu vorwiegend wirtschaftlich begründeten, ethnisch differenzierten Zuwanderungsquoten führen.

3. Solche Einwanderungsprozesse – und um nichts anderes handelt es sich – sind nach aller historischen Erfahrung durchweg schwierig, zumal bei großen sozialen Unterschieden zwischen Ausgangs- und Einwanderungsland; sie brauchen sehr lange Zeit und ziehen sich in der Regel über Generationen hin; sie sind politisch kaum wirklich steuerbar, und nicht alle diese Prozesse verlaufen gleich. In jedem Fall aber gilt, daß die Rechtssicherheit der seit längerer Zeit hier lebenden Ausländer ein Schlüsselproblem bei dem Gesamtprozeß der Einwanderung darstellt. Nur auf dieser Grundlage kann auch die weitere Zuwanderung vernünftig und zukunftsbezogen geregelt werden. Die Basis der Rechtssicherheit aber ist die Vereinfachung und Verrechtlichung der Einbürgerungsprozedur.

4. Fremdenangst und Fremdenfeindlichkeit erweisen sich in diesem Kontext nicht allein, nicht einmal in erster Linie als ideologische, sondern als soziale Phänomene: Hier wandern eben nicht so sehr Fremde, sondern vor allem **arme** Fremde zu, auf der Suche nach Wohnung, Arbeitsplatz, sozialer Versorgung, Perspektive für sich und ihre Kinder. Sie treffen hier auf diejenigen, die zum unteren Drittel oder Viertel dieser Gesellschaft gehören und qua der nationalen Zugehörigkeit zu dieser Gesellschaft diesen Besitzstand verteidigen. Eben hier liegt der Ansatzpunkt für die Ideologisierung des Problems und für die rechtsradikale Agitation. Dies ist kein neues Phänomen, und es ist nicht auf Deutschland begrenzt. Aber es tritt in Deutschland als Kumulation von Wanderungsströmen einerseits, der beispiellosen sozialen und wirtschaftlichen Umbruchsituation in Ostdeutschland andererseits auf und trifft auf eine darauf ungenügend vorbereitete Gesellschaft, in der ihre Vorgeschichte des Umgangs mit Fremden noch nachvibriert. Dies verleiht der gegenwärtigen Entwicklung ihre besondere Brisanz.

Zusammengefaßt: Die verstärkte Zuwanderung stellt für Deutschland in der Tat eine historische Herausforderung dar; dies gilt zwar für alle Länder des reichen Nordwestens der Welt, aber aufgrund der skizzierten historischen Entwicklung für Deutschland in besonderer Weise. Gleichwohl ist weder durch die Zuwanderung die kulturelle oder ethnische Identität der Deutschen in Gefahr (was immer diese Identität auch meint), noch durch eine Reglementierung der Zuwanderung der liberale Rechtsstaat gefährdet.

Massenwanderungen, noch dazu in ein Land wie Deutschland mit Grenzen zu neun Nachbarländern und am östlichen Rand des europäischen Wohlstandsgürtels gelegen, sind ebenso wie die damit verbundenen innenpolitischen Auseinandersetzungen, insbesondere die Spannungen zwischen Zuwanderern und sozial schwachen Einheimischen, keine Sonderentwicklungen, sondern der Normalfall. Sich darauf einzustellen, ist weniger ein Gebot der Moral, sondern der Klugheit.

Dieter Oberndörfer

Schutz der kulturellen Freiheit – die multikulturelle Republik[1]

In den Nationalstaaten wurde und wird immer wieder versucht, die nationale Identität aus kulturellen Überlieferungen zu bestimmen und verbindlich zu machen. Der religiöse Glaube, die Kunst, der Geschmack bei der Aneignung kultureller Güter, ja sogar das Essen und Kleiden werden national normiert. Ein echter Pole oder Ire mußte Katholik, ein Deutscher in Bismarcks Reich möglichst ein Protestant sein. Unter den Nationalsozialisten sollten die Deutschen sogar zum mythischen Glauben der Germanen zurückkehren. Neben der Religion sollten auch die Malerei, Musik, Literatur und bildende Kunst von fremden, verderblichen Elementen gesäubert werden. Artfremde, nichtdeutsche Kunstwerke wurden daher im Dritten Reich vernichtet. Im "Haus der Deutschen Kunst" zu München hingegen wurde Mittelmäßiges aus der Hand deutscher Künstler als nationales Kulturgut gefeiert. Unter Strafe wurde das Spielen oder sogar schon das Anhören von Jazz, von "Negermusik", gestellt. Selbst der Geschmack wurde nationalisiert, Trachten als deutsches Brauchtum gepflegt, Essen und Getränke wegen ihrer Deutschheit gelobt. Mit spießiger Inbrunst wurden in der zweiten Strophe des Deutschlandliedes "deutsche Frauen" und "deutscher Wein" gerühmt. Die "deutsche Eiche" war schöner und kräftiger als französische oder italienische Eichen. Das Kulturverständnis des Nationalismus ist provinziell.

Die Kulturen der Menschheit haben sich in einer langen Geschichte kulturellen Austausches grenz- und völkerübergreifend gebildet. Keine Kultur entsteht aus sich selbst heraus in einem luftleeren Raum. So wurde das Christentum von den Vorfahren der Deutschen, den Germanen, aus Kulturen des Nahen Ostens übernommen. Im Mittelalter und in

---

[1] Es handelt sich bei diesem Text um einen Auszug aus dem Buch von Dieter Oberndörfer, Der Wahn des Nationalen, 1993, Herder Spektrum, Bd. 4279.

der Renaissance erhielt die Kultur der europäischen Völker entscheidende Impulse aus der Begegnung mit der Philosophie und Literatur der griechisch-römischen Antike. Vom Geist der Antike sind auch der deutsche Idealismus, die deutsche Klassik und Romantik geprägt. Große Werke der Weltliteratur wurden ins Deutsche übersetzt und Homer, Shakespeare, Molière und Dante ein Teil der deutschen Kultur. Die Musik Bachs, Mozarts und Beethovens, die ihrerseits aus dem Erbe der europäischen musikalischen Tradition entstand, ist heute Eigentum der Menschheit geworden. Sie läßt sich nicht als nationaler Besitz in Beschlag nehmen. Forderungen nach einer unter nationalen Kriterien gesäuberten Kultur hätten für alle Völker skurrile Folgen. Die Deutschen müßten zu Wotan und Freyja zurückkehren und sich wieder mit Bärenfellen kleiden, da auch die materielle Kultur, die Technik und Produktionsweisen sich in einer langen Geschichte kulturellen Austausches entwickelt haben. Dieser Regreß wäre eine logische Konsequenz.

In allen menschlichen Gesellschaften findet sich kulturelle Vielfalt. Kulturelle Homogenität im Sinne fugenloser, konfliktfreier Übereinstimmung kultureller Werte hat es nie und nirgendwo gegeben. Über die Neuinterpretation der Überlieferung oder aus kulturellem Austausch bildete sich kultureller Pluralismus. Damit entstanden auch kulturelle Konflikte. Diese waren der Motor des kulturellen Wandels. In diesem Sinne sind die Gesellschaften aller Zeiten multikulturell gewesen.

In der Republik wird die in allen Gesellschaften enthaltene kulturelle Vielfalt und Dynamik ausdrücklich verfassungsrechtlich geschützt. Im Unterschied zum Nationalismus öffnet sich der Republikanismus dadurch für kulturelle Vielfalt und kulturelle Dynamik. Die Republik schützt die kulturelle Freiheit.

Zur Freiheit der Kultur gehört die Freiheit der Weltanschauungen, des religiösen Glaubens und der religiösen Praxis, der künstlerischen Gestaltung und der individuellen Wahl bei der Aneignung kultureller Werte im weitesten Sinne, also auch Freiheit des Geschmacks im Alltag der Bürger. In diesem Sinne heißt es in Art. 4 Abs. 1 und 2 des Grundgesetzes: "Die Freiheit des Glaubens, des Gewissens und die Freiheit des religiösen und weltanschaulichen Bekenntnisses sind unverletzlich... Die ungestörte Religionsausübung wird gewährleistet." In Art. 5 Grundgesetz wird die Freiheit der Kunst, der Wissenschaft, der Forschung und Lehre in die kulturelle Freiheit einbezogen: "Kunst und Wissenschaft, Forschung und Lehre sind frei." Kulturelle Freiheit bedeutet ferner, daß religiöse Überzeugungen und kulturelle Werte von Minderheiten nicht nur geduldet, sondern von ihnen auch aktiv vertreten werden dürfen. So heißt es in Abs. 1 des Art. 5: "Jeder hat das Recht, seine Meinung in Wort, Schrift und Bild zu äußern und zu verbreiten... Eine Zensur findet nicht statt."

In der Republik gibt es also keine nationale Religion, keine nationale Kunst, keinen nationalen Geschmack. Religion und Weltanschauung sind frei. Jeder Versuch, einem Deutschen, Franzosen oder Amerikaner eine bestimmte Religion und Konfession als nationale Pflicht oder Eigenschaft vorzuschreiben, wäre ein Anschlag auf den Geist und die Bestimmungen ihrer Verfassungen. Ob Deutsche, Franzosen, Engländer oder Amerikaner Angehörige einer bestimmten christlichen Konfession sein wollen, ob sie zum Buddhismus, zum Islam oder zur Bahai-Religion konvertieren möchten oder ob sie sich ohne religiöse Bindung den säkularisierten Teilen der Gesellschaft zurechnen, ist allein ihre persönliche Entscheidung. Gleiches gilt für die Aneignung kultureller Werte. Auch wenn dies den professionellen autoritären Volkserziehern nicht gefällt: Es bleibt den Bürgern überlassen, ob sie Liebesromane, Goethe, den Koran oder die Bild-Zeitung lesen, ob sie Bach, Pop, Jazz oder Kuschelmusik hören, ob sie in ihrer Freizeit Museen besuchen oder Sport treiben wollen.

Kulturen sind schwer definierbar. Sie sind aber sicher nicht statische, sondern dynamische und plurale Gebilde. Die Freiheit der Kultur in der Republik trägt auch diesem Charakter der Kultur, dem Wandel ihrer Inhalte in der Geschichte, Rechnung. So haben sich die heutige Kultur der Deutschen, ihre Werte, Einstellungen und Verhaltensweisen gegenüber dem Deutschland der Weimarer Republik tiefgreifend verändert. Und die deutsche Kultur des 19. Jahrhunderts war nicht identisch mit der Kultur vorausgegangener Jahrhunderte. Der aus dem Geist des deutschen Idealismus und der Romantik geschaffene Bildungskanon den 19. Jahrhunderts, der immer nur für eine Minderheit, nämlich für die kleine

Schicht des gebildeten Bürgertums (etwa 3 % der Bevölkerung), verbindlich war, ist heute diffus geworden. Nach dem Zweiten Weltkrieg hat eine Kulturrevolution stattgefunden, die den Bildungshorizont demokratisiert und bereichert hat. Bei Versuchen der Bestimmung, was heute das spezifisch Deutsche an unserer Kultur ausmacht, wird es weit vielstimmigere und verschwommenere Antworten geben als im 19. Jahrhundert.

Der innerste Kern, das Herzstück kultureller Freiheit und kultureller Pluralität, ist die Freiheit des religiösen Glaubens und der Weltanschauungen. Diese Freiheit wurde in den Vereinigten Staaten, dem ersten modernen Verfassungsstaat, durchgesetzt. Amerika war von Anbeginn an eine Fluchtburg für religiös Verfolgte und Heimstatt für Gläubige unterschiedlicher christlicher Konfessionen. So wurde hier die Idee des säkularen Staates geboren und die Freiheit des Glaubens und der religiösen Praxis erstmals durch die Verfassung geschützt. Der Schutz der religiösen Freiheit in der amerikanischen Verfassung steht zeitlich am Ende einer jahrhundertelangen Geschichte erbitterter religiöser Bürgerkriege in Europa. Dieser Schutz und damit die Möglichkeit religiöser Pluralität innerhalb des gleichen politischen Gemeinwesens war revolutionär.

In den europäischen Staaten und gerade auch in Deutschland hatte das Territorialprinzip gegolten. Nach ihm hatte in jedem staatlich-politischen Territorium immer nur eine Konfession das Heimatrecht. Andere von der Obrigkeit nicht gewünschte Konfessionen wurden verfolgt oder vertrieben. So sind im Frankreich des 17. Jahrhunderts die Hugenotten von der Monarchie und die Protestanten Salzburgs im ausgehenden 18. Jahrhundert von ihrem Landesfürsten, dem katholischen Erzbischof, aus ihrer Heimat vertrieben worden. In England wurden die Katholiken noch bis zur Mitte des 19. Jahrhunderts politisch benachteiligt. Die Schweiz hat ihre heutige politische Gestalt als Ergebnis des sogenannten Sonderbundkrieges von 1847 zwischen katholischen und protestantischen Kantonen erhalten. Die Freiheit des religiösen Bekenntnisses und die freie Mobilität der Konfessionen innerhalb des Bundesgebietes wurden damals durchgesetzt. In Spanien wurde die Freiheit der Religionsausübung den Bürgern sogar erst nach dem Zweiten Weltkrieg eingeräumt.

Die religiöse Homogenität der deutschen Territorialstaaten hat sich seit Beginn des 19. Jahrhunderts und auch dann nur langsam aufgelockert. In München erhielt ein Protestant erstmals im Jahre 1801 das Bürgerrecht. Trotz der durch die industrielle Revolution ausgelösten Mobilität der Menschen blieben die meisten Gegenden Deutschlands bis Ende des Zweiten Weltkrieges religiös homogen. Die Bewohner protestantischer und katholischer Dörfer lebten jahrhundertelang ohne soziale Beziehungen nebeneinander. Heiraten von Dorf zu Dorf gab es nicht. Erst nach dem Zweiten Weltkrieg haben sich die Regionen durch die Flüchtlingsströme und die Zunahme der beruflichen Mobilität konfessionell durchmischt und die Beziehungen der Konfessionen entspannt.

Religion und Konfession prägen die Kultur aller europäischen Völker wie wenige andere Faktoren. Bis zum 19. Jahrhundert war die Konfession für die Europäer weit wichtiger als die Volkszugehörigkeit. Den lutherischen Bürgern Wismars und Stralsunds waren die lutherischen Herrscher Schwedens sympathischer als die kalvinistischen Könige Preußens. Sie fühlten sich daher unter der Herrschaft der schwedischen Krone besser aufgehoben. Katholiken und Protestanten waren in Deutschland durch tiefe Gräben unterschiedlicher kultureller Werte und Lebensformen voneinander getrennt. Diese Unterschiede zeigen sich noch heute in den Einstellungen und Verhaltensweisen längst säkularisierter Protestanten und Katholiken.

Deutschland war somit durch seine konfessionelle Gespaltenheit schon immer in besonders ausgeprägter Form eine multikulturelle Gesellschaft. Dies wird in der zeitgenössischen Polemik gegen die multikulturelle Gesellschaft als Folge weiterer Zuwanderung von Ausländern vergessen. Die hysterischen Reaktionen gegen die multikulturelle Gesellschaft weisen fatale Untertöne auf. In ihnen äußert sich die Sehnsucht nach einer kulturellen nationalen Homogenität, die gerade in Deutschland nie existierte und die es erst recht nicht in der heutigen deutschen Gesellschaft geben kann, in der neben den Gläubigen der christlichen Konfessionen und Sekten eine Mehrheit säkularisierter Bürger lebt und sich eine beträchtliche Zahl außereuropäischen Religionen zugewandt hat. Es wurde schon gesagt: Deutsche dürfen, wenn sie wollen, Moslems, Buddhisten oder Hindus werden und sich kulturelle Werte dieser Religionen zu eigen machen. Dieses Recht muß auch für Staatsbürger nichtdeutscher Herkunft und für Ausländer gelten, die keine Deutschen sind oder werden wollen. Die haßvolle Kampagne gegen eine multikulturelle Gesellschaft führt zurück in die Zeit der Religionskriege. Sie ist unvereinbar mit dem Grundgesetz der Bundesrepublik Deutschland und der Verfassung jeder Republik.

Kulturelle Freiheit findet ihre Grenzen in den Grundwerten der Verfassung und in der Rechtsordnung. Da religiöse Konflikte häufig nicht durch Kompromiß gelöst werden können, wird über die Grenzen der kulturellen Freiheit gestritten werden. Wie die Geschichte der Durchsetzung der Zivilehe oder die Verweigerung der Bluttransfusion durch die Zeugen Jehovas demonstrieren – das Blut gilt für sie als Sitz der Seele–, sind Auseinandersetzungen über die mögliche Reichweite der religiös-kulturellen Freiheit nicht nur mit Anhängern des islamischen, sondern auch mit anderen Varianten des Fundamentalismus möglich. Diese Konflikte müssen im Rahmen der Rechtsordnung ausgestanden und ausgetragen werden. So kann der Standpunkt islamischer Fundamentalisten zu den Rechten der Frauen und Kinder nicht hingenommen werden. Auch die Unterstützung islamischer fundamentalistischer Organisationen, die in der Türkei verboten sind, sollte in der Bundesrepublik eingestellt werden. Die Integration konfliktiver, nicht kompromißfähiger religiöser Positionen ist sicherlich das schwierigste Problem des politischen Entscheidungsprozesses der Republik. Seine Bewältigung wird nur durch Achtung und Toleranz auf seiten jener möglich sein, die diese Positionen nicht teilen.

Kulturelle Freiheit bedeutet nicht Relativität der Werte. Sie bildet vielmehr den Rahmen für die von den Bürgern immer neu zu führende Auseinandersetzung über die maßgeblichen Orientierungen ihres Handelns. In dieser Auseinandersetzung fallen die Entscheidungen über die Qualität der politischen Kultur der Republik, über ihre Fähigkeit zu gemeinschaftlichem Handeln.

Kriterien für die Zugehörigkeit zur Republik können ausschließlich die Bejahung der Verfassung und die Gesetzestreue sein. Das Bürgerrecht in der Republik darf also allein wegen religiöser Einstellungen oder kultureller Herkunft nicht verweigert werden. In Art. 3 Abs. 3 des Grundgesetzes heißt es: "Niemand darf wegen seines Geschlechtes, seiner Abstammung, seiner Rasse, seiner Sprache, seiner Heimat und Herkunft, seines Glaubens, seiner religiösen oder politischen Anschauungen benachteiligt oder bevorzugt werden." Auch aus bloßer Furcht vor religiös-kulturellen Konflikten dürfen die Bürgerrechte Menschen aus fremden Kulturkreisen nicht verwehrt bleiben.

Die politische Vitalität der Republik speist sich gerade aus der kulturellen Freiheit. Sie ist die unerläßliche Voraussetzung für die politische Integration der komplexen kulturellen Vielfalt moderner Gesellschaften. Vor allem auch kulturelle Minderheiten werden sich nur dann mit der Republik identifizieren, wenn die kulturelle Freiheit geschützt wird. Dann können sich der Verfassungspatriotismus der Bürger und die politische Kultur der Republiken festigen.

Yasemin Karakasoglu

Vom Gastarbeiter zum Einwanderer:
Zur Lebenssituation der türkischen Bevölkerung

Einleitung

Wenn man heute den Begriff Minderheit auf die Türken in Deutschland anwendet, so impliziert dies die Anerkennung der Tatsache, daß ihre Anwesenheit in der Bundesrepublik kein vorübergehendes Phänomen mehr ist, wie dies etwa durch den Begriff "Gastarbeiter" ausgedrückt wird, sondern daß sie inzwischen Einwanderer sind. Die Tatsache, daß sich Türken als Minderheit außerhalb der Grenzen der Republik Türkei etabliert haben, ist kein neues Phänomen. Neu ist, daß sie im Zuge der Arbeitsmigration kamen. Diese Migration läßt sich grob in drei Phasen teilen, die jeweils einen Zeitraum von ca. 10 Jahren umfassen, die sowohl von gesellschaftlichen, politischen und wirtschaftlichen Entwicklungen und Entscheidungen in der Bundesrepublik und von denjenigen in der Türkei bestimmt waren.

Die erste Phase wird allgemein als Anwerbephase bezeichnet, sie umfaßt die Zeit von 1961, dem Jahr des Abschlusses des Anwerbeabkommens zwischen der Bundesrepublik und der Türkei. Damals ermöglichte die neue Verfassung der Türkei ihren Bürgern das Verlassen des Landes zum Zwecke der Arbeitsaufnahme im Ausland, bis 1973, dem Jahr des Anwerbestopps.

Die Familienzusammenführung bildet die zweite Phase von 1974 bis 1983; hiermit wurde de facto eigentlich schon anerkannt, daß es sich bei den Ausländern aus den klassischen Anwerbeländern, nicht mehr um zeitbegrenzt anwesende "arbeitende Gäste" handelte, sondern um zunehmend zum Verbleib entschlossene Menschen, die nicht mehr über lange Zeiträume von ihrer Familie getrennt bleiben wollten.

Die dritte Phase der türkischen Einwanderung nach Deutschland wird durch eine erneute konjunkturabhängige wirtschaftlichen Rezession

Anfang der 80er Jahre eingeleitet. Wie schon in den siebziger Jahren reagieren die offiziellen deutschen Stellen auch in dieser Phase wirtschaftlicher Rezession mit Veränderungen in der Ausländerpolitik. Es wird eine Rückkehrförderung für Rückkehrwillige für die Dauer eines Jahres eingeführt (1983-84). Für Familienvorstände gibt es 10.000 DM und pro Kind 5.000 DM. Im Zuge dieser staatlich geförderten Rückkehrwelle kehrten insgesamt ca. 250.000 Ausländer aus den klassischen Anwerbestaaten in ihre Ursprungsländer zurück. Der überwiegende Teil von ihnen waren Türken. Es wurde festgestellt, daß bei denen, die im Zuge dieser Maßnahme zurückgekehrt sind, nur der Zeitpunkt der Rückkehr vorgezogen wurde. Dieser Rückführungsversuch kann heute als relativ erfolglos bezeichnet werden. Seit Mitte der 80er Jahre hat sich bei allen Beteiligten die Erkenntnis durchgesetzt, daß die Türken die größte Minderheit in der sich immer komplexer entwickelnden Gesellschaft Deutschlands bilden.

Im folgenden soll auf die Aspekte des türkischen Lebens in Deutschland, der Entwicklung der türkischen Community von einer homogenen Arbeitergesellschaft zu einem verbleibenden Teil der bundesrepublikanischen heterogenen Wohnbevölkerung eingegangen werden. Die dargestellten Integratiosleistungen wurden bewußt in den Vordergrund gestellt, da davon ausgegangen wird, daß die negativen Aspekte hinlänglich bekannt sind; sie seien hier nur stichwortartig erwähnt: nur zögerliche positive Entwicklung des schulischen Erfolgs türkischer Kinder und Jugendlicher; hohe Jugendarbeitslosigkeit bei türkischen Jugendlichen; nach wie vor niedriger Qualifikationsgrad eines größeren Teils der türkischen Arbeitnehmerschaft; Integrationsprobleme, insbesondere nicht-berufstätiger türkischer Frauen und Mädchen etc. Die einseitige Berichterstattung über diese Bereiche des Lebens von Türken in Deutschland haben sicherlich mit dazu beigetragen, daß sie insbesonders in letzter Zeit Zielscheibe einer wachsenden Ausländerfeindlichkeit sind.

In diesem Zusammenhang sei auf eine Umfrage bei Ost-Deutschen Jugendlichen aus dem Jahre 1992 hingewiesen, die beweist, wie leicht es ist, eine negative Einstellung zu bestimmten Ausländergruppen durch Reproduktion von Stereotypen auch in den Gebieten zu verbreiten, in denen bisher mit bestimmten Ausländergruppen gar keine Erfahrungen gemacht werden konnten. Nach einer Untersuchung der Forschungsstelle Sozialanalysen Leipzig e.V. über "Jugendliche in Ostdeutschland 1992" gaben die Jugendlichen an, daß ihnen US-Amerikaner und Franzosen sympathisch seien. Auf der Beliebtheitsskala standen Russen und Juden in der Mitte und Polen, Türken, Zigeuner wurden als stark unsympathisch bezeichnet.

Hierzu sei angemerkt, daß es zwar keine aktuellen Angaben über die Zahl der Türken in den neuen Bundesländern gibt; zu DDR-Zeiten belief sie sich jedoch lediglich auf ca. 80 Personen. Dem Urteil über Türken seitens ostdeutscher Jugendlicher können also kaum persönliche Erfahrungen mit dieser Nationalitätengruppe zugrundeliegen. Hauptgründe für die Ablehnung von den als unbeliebt bezeichneten Ausländern waren:
- Ausländer verschärfen die Wohnungslage (75%),
- wollen auf Kosten von Deutschland gut leben (58%),
- nehmen unsere Arbeitsplätze weg (55%),
- neigen schnell zu Gewalt und Kriminalität (38%).

Hier sind schon die wichtigsten Bereiche genannt, die ein Unbehagen von Teilen der deutschen Bevölkerung gegenüber den Zuwanderern hervorrufen. Es sind alles Bereiche, die auf eine Verschärfung der sozialen Situation hinweisen, und darauf, wie diese im Bewußtsein der Bevölkerung erlebt wird. Den Medien und Politikern kann eine große Verantwortung für diese Gedankenverbindung "Weniger Ausländer heißt weniger soziale Probleme", zugemessen werden. Die Phasen der Migration von Türken nach Deutschland, die oben skizziert wurden, machen dies deutlich.

Soziale, wirtschaftliche und politische Situation der türkischen Wohnbevölkerung in Deutschland

1961 lebten cirka 6.500 Türken in der Bundesrepublik. Damals standen hier einer halben Million offener Stellen nur 180.000 Arbeitsuchende gegenüber, die Anwerbung türkischer Arbeitskräfte wurde deshalb von den Politikern ebenso wie von den Arbeitgebern voll befürwortet. Nach dem Abschluß des Anwerbeabkommens stieg die Zahl der in der Bundesrepublik lebenden Türken von Jahr zu Jahr an. Während die Anzahl 1975 die Ein-Millionen-Grenze überschritten hatte, betrug sie 1992 bereits 1,856 Millionen.[1]

Im November 1973, damals lebten 910.500 Türken in der Bundesrepublik, verhängte die Bundesregierung einen Anwerbestopp. Obwohl die Zahl der ausländischen Arbeitnehmer daraufhin allgemein zurückging, nahm die Anzahl der in der Bundesrepublik lebenden Türken weiterhin zu. Der Grund dafür liegt in der Zulassung der Familienzusammenführung durch die Bundesregierung im Frühjahr 1974. Durch die Politik der Familienzusammenführung und die Möglichkeit des Ehegattennachzugs bei gleichzeitigem Anwerbestopp hat sich in allen westeuropäischen Ländern die Zusammensetzung der türkischen Communities verändert. Mittlerweile sind fast drei Viertel der hier lebenden türkischen Jugendlichen in der Bundesrepublik geboren. Die zunehmende Heterogenität der türkischen Bürger äußert sich in verschiedenen Bereichen, auf die hier kurz eingegangen werden soll.

Die ursprüngliche Absicht der meisten Türken während der sechziger und siebziger Jahre, nach einem kurz- bis mittelfristigen Arbeitsaufenthalt in Deutschland mit möglichst großem Kapital in die Heimat zurückzukehren und sich dort selbständig zu machen, hat während der achtziger Jahre bei dieser aber auch bei vielen anderen Ausländergruppen, insbesondere aus Nicht-EG-Ländern deutlich nachgelassen. Während der sechziger und siebziger Jahre beruhte der volkswirtschaftliche Stellenwert der Türken weitgehend auf ihrer Funktion als Arbeitnehmer. Danach gewannen sie auch als Investoren und Konsumenten stark an Bedeutung. Seit etwa Anfang der achtziger Jahre läßt sich den Ergebnissen der Studien von Marplan oder auch des Zentrums für Türkeistudien zufolge ein steigendes Konsuminteresse der Türken in Deutschland feststellen. Die zunehmenden Verbleibabsichten und die immer geringer werdenden Rückkehrabsichten sorgten, verbunden mit den aufgrund entsprechender Impulse der zweiten und dritten

---

[1] Sen, Faruk: "1961 bis 1993: Eine kurze Geschichte der Türken in Deutschland", in: Leggewie, Claus/Senocak, Zafer (Hrsg.): Deutsche Türken/Türk Almanlar, Das Ende der Geduld/Sabrin sonu, S. 17-18.

Türkengeneration steigenden Ansprüchen der Familien, für eine zunehmende Qualitätssteigerung bei der Lebensgestaltung der ausländischen Minderheiten in diesem Lande.

Zu Beginn der türkischen Migration nach Westeuropa war der Anteil der Frauen an den Migranten gering. Zwischen 1961 und 1976 standen 678.702 angeworbenen türkischen Männern nur 146.681 Frauen gegenüber. Durch veränderte gesetzliche Bestimmungen und Anwerbestopps kommen jedoch seit Mitte der siebziger Jahre bis heute hauptsächlich Familienangehörige oder Ehepartner aus der Türkei in die EG-Länder. So stieg seither nicht nur die Anzahl von Migrantinnen aus der Türkei, sondern auch die Zahl türkischer Kinder und Jugendlicher in westeuropäischen Ländern. Im Jahre 1990 waren 63% der in der Bundesrepublik lebenden Türken jünger als 30 Jahre.

Zu Beginn der Migration von Türken nach Europa war die Beschäftigungsstruktur der Migranten relativ homogen. Durch berufliche Karriere oder Selbständigkeit haben heute jedoch viele Türken den Zugang zu höheren Einkommensschichten erreicht. Während in Deutschland im Jahr 1976 noch 70,9 % der türkischen Arbeitnehmer in der verarbeitenden Industrie tätig waren, waren es 1991 nur noch 58,5 %. Im gleichen Zeitraum nahm der Anteil der türkischen Arbeitnehmer im Dienstleistungssektor von 7,4 % auf 16,1 % zu.

In letzter Zeit zeigt sich besonders ein Trend zur selbständigen Erwerbstätigkeit bei den Türken in der Bundesrepublik Deutschland.[2] Im Zusammenhang mit schlechten Erfahrungen der Rückkehrer und drohender oder bereits eingetretener Arbeitslosigkeit in der Bundesrepublik Deutschland haben sich viele Türken entschlossen, den langgehegten Wunsch nach selbständiger Erwerbstätigkeit nicht in ihrem Heimatland, sondern in der Bundesrepublik Deutschland zu realisieren.

Die Aufnahme selbständiger Erwerbstätigkeit in der Bundesrepublik Deutschland ist neben verändertem Investitions- und Konsumverhalten ein weiterer Indikator für die veränderten Zukunftsplanungen der Türken. Die Türken, bei denen besonders ab 1985 eine starke Zuwendung

---

2 Vgl. Zentrum für Türkeistudien (Hrsg.): Ausländische Selbständige in Nordrhein-Westfalen, Opladen 1991.

zur selbständigen Erwerbstätigkeit in der Bundesrepublik Deutschland zu verzeichnen ist, weiteten im Laufe der Zeit ihre Aktivitäten auch auf Gebiete aus, die bis dahin von anderen Ausländergruppen nicht oder kaum in Anspruch genommen worden waren. So haben türkische Selbständige in der Bundesrepublik Deutschland in insgesamt 55 Sektoren Investitionen getätigt. Die ersten türkischen Geschäfte wie Reisebüros, Änderungsschneidereien und Lebensmittelgeschäfte, die Ende der sechziger Jahre und Anfang der siebziger Jahre überwiegend in Bereichen der Nischen-Ökonomie eröffnet wurden, werden ständig um neue Geschäftsbereiche erweitert. 1992 erhöhte sich die Zahl der türkischen Selbständigen auf 35.000.

Nach den neuesten Untersuchungen des Zentrums für Türkeistudien belaufen sich die gesamten Investitionen der türkischen Selbständigen im Jahre 1992 auf 7,2 Mrd. DM. Die Jahresumsätze dieser Betriebe erreichen eine Höhe von 28 Mrd. DM. Die Zahl der von ihnen neu geschaffenen Arbeitsplätze beläuft sich auf ca. 125.000. Neben dem Arbeitsplatzeffekt, der nicht unterschätzt werden sollte, ist die selbständige Erwerbstätigkeit von Ausländern auch mit anderweitigem volkswirtschaftlichem Nutzen verbunden. Eine im Jahre 1990 vom Zentrum für Türkeistudien durchgeführte Umfrage bei einer begrenzten Zahl von türkischen Geschäftsinhabern in 15 Städten belegt, daß eine Investition in der ehemaligen DDR für diese Unternehmergruppe von großem Interesse ist. Die Befragung, die bei mittelständischen türkischen Unternehmen, bei denen mindestens vier Personen beschäftigt sind, durchgeführt wurde, zeigte diese Tendenz ganz eindeutig. Nach dieser Untersuchung planten 61,1 % der befragten Firmeninhaber noch im Jahre 1990, in den fünf neuen Bundesländern eine Filiale zu gründen bzw. neu zu investieren. Bemerkenswert war vor allem die Tatsache, daß mehr als die Hälfte dieser Betriebe (rd. 55 %) bereits erste konkrete Maßnahmen in dieser Hinsicht ergriffen hatten. Bevorzugte Standorte waren Großstädte wie Leipzig, Berlin, Magdeburg, Dresden und Rostock, wobei sich das geplante Investitionsvolumen zwischen 50.000 DM und drei Millionen DM bewegt. Damit deutet sich nun auch für das Gebiet der ehemaligen DDR ein Trend an, der bereits seit Jahren in der Bundesrepublik Deutschland zu beobachten ist. Durchschnittlich werden pro untersuchtem Betrieb 6,2 Personen beschäftigt. Jeder 10. Unternehmer ist eine Frau und rd. ein Drittel der Befragten ist der zweiten Generation zuzurechnen, d.h. sie sind jünger als 35 Jahre.

Die Entwicklungen in den letzten Jahren haben gezeigt, daß viele Ausländer hier an Haus-und Eigentumserwerb großes Interesse zeigen. Besonders seit 1980 steigt die Tendenz zum Erwerb von Wohneigentum unter den Türken. Bis Ende 1990 haben 145.000 Türken für den Erwerb oder für den Bau einer Wohnung Bausparverträge abgeschlossen, in die bisher bereits über 4,8 Mrd. eingezahlt wurden. In den letzten drei Jahren bemühte sich die türkische Regierung nach einem Abkommen mit der Bundesregierung, die Türken in die Türkei zu locken. Der Erfolg war sehr mäßig. Von 145.000 Bausparern haben bisher lediglich 1.500 davon Gebrauch gemacht. Die anderen wollten ihre Ziele in jedem Falle in der Bundesrepublik Deutschland realisieren.[3] Auch der Hauserwerb von Türken nimmt sehr stark zu. Nach Schätzungen geht man davon aus, daß über 45.000 türkische Familien bereits ein Haus oder eine Eigentumswohnung in der Bundesrepublik Deutschland erworben haben. Wenn man bei der türkischen Bevölkerung von einer Familiengröße von 4,1 Personen ausgeht, und gegenwärtig insgesamt 400.000 in der Bundesrepublik Deutschland wohnhaft sind, wohnen gegenwärtig 11 % der türkischen Familien in ihrem eigenen Haus.

Was die Beiträge der Türken zum deutschen Sozialsystem anbelangt, so sprechen die Zahlen für sich. Die knapp 560.000 türkischen Arbeitnehmer verdienen insgesamt pro Jahr über 24 Mrd. DM Brutto. Jährlich zahlen sie an Arbeitnehmeranteilen über 2,5 Mrd. DM an die Rentenversicherungen. Sie haben von 1961 bis 1990 innerhalb von 30 Jahren über 24 Mrd. DM in die Rentenkasse gezahlt. Dieser positive sozio-ökonomische Beitrag der Türken wurde insgesamt kürzlich auch vom Institut der deutschen Wirtschaft bestätigt.

Daneben kann man auch Entwicklungen in der Konsumneigung bzw. bei der abnehmenden Sparquote im Verlauf des Migrationsprozesses feststellen, die darauf hinweisen, daß sich immer mehr Türken für einen

---

[3] Vgl. Sen, Faruk/Goldberg, Andreas: "Ein neuer Mittelstand? Unternehmensgründungen von ehemaligen türkischen Arbeitnehmern in der Bundesrepublik Deutschland", in: WSI Mitteilungen, 3/1993, S. 163-173.

Verbleib in der Bundesrepublik entschieden haben. Seit 1978 zeigt die Sparquote bei Türken eine abnehmende Tendenz. Zwischen 1975 und 1978 betrug das Sparvolumen 45 % des Einkommens, während es 1981 auf 34 % und 1983 auf 23 % sank. Nach den letzten Zahlen aus dem Jahre 1988 betrug die Sparquote bei der türkischen Minderheit nur noch 14,6 %. Dies ist lediglich um 1,5 % niedriger im Vergleich zu der Gesamtbevölkerung. Die Ursache hierfür ist zwar in erster Linie der Umstand, daß z. Zt. nur etwa jeder dritte in Deutschland lebende Türke erwerbstätig ist und seine im Rahmen der Familienzusammenführung nachgereisten Familienmitglieder miternähren muß. Aber auch die Distanzierung von dem Gedanken an eine Rückkehr in die Türkei hat eine Änderung des Konsumverhaltens und damit des Sparverhaltens herbeigeführt. Mit zunehmender Aufenthaltsdauer in der Bundesrepublik nimmt die Nachfrage nach langlebigen Konsumgütern zu. So läßt sich bei den Türken besonders während der letzten beiden Jahre ein deutlicher Anstieg bei der Nachfrage nach Fernsehern und Rundfunkgeräten, nach Kraftfahrzeugen, Waschmaschinen und Möbeln verzeichnen. Für die Zukunft kann man davon ausgehen, daß diese Tendenz sehr stark zunehmen wird.[4] Nach einer Ende 1991 in der Türkei unter 600 türkischen Rückkehrern, die während der Zeit von 1983 - 1987 zurückgekehrt sind, durchgeführten Umfrage des Zentrum für Türkeistudien konnte man feststellen, daß 49,5 % der Türken, die zurückgekehrt sind, mit ihrem Leben in der Türkei nicht zufrieden sind und wieder in die Bundesrepublik Deutschland kommen möchten. Diese Entwicklungen sorgen auch dafür, daß die hier lebenden Türken sich wesentlich mehr in die deutsche Gesellschaft integrieren und ihren sozio-ökonomischen Beitrag für Deutschland erhöhen.

Auch der Anstieg von Einbürgerungen nach 1990 (Zahl der Anträge auf Ausbürgerung bei türkischen Konsulaten: 1990 1.324, 1991 4.969, 1992 9.682), der sich im wesentlichen auf das neue Ausländergesetz der Bundesrepublik zurückführen läßt, zeigt die steigende Integrationsbereitschaft. Diesen positiven Integrationsansätzen der türkischen Minderheit in Deutschland steht aber nach wie vor ihre unbefriedigende

---

[4] Vgl. Konsumgewohnheiten und wirtschaftliche Situation der türkischen Wohnbevölkerung in der Bundesrepublik Deutschland, erschienen als Nr. 4 in der Reihe "ZfT aktuell. Berichte aus dem Zentrum für Türkeistudien", Essen 1993.

rechtliche Situation und die damit auch eingeschränkte politische Handlungsfreiheit entgegen.

In einigen gesellschaftlichen Bereichen existieren zwar bestimmte Formen politischer Partizipation, insbesondere auf kommunaler und betrieblicher Ebene, hier wäre die Möglichkeit, als sogenannter sachkundiger Einwohner in den Rathäusern mitwirken zu nennen, dessen Kompetenz allerdings auf eine beratende Mitwirkung vor allem in den Ratsausschüssen beschränkt bleibt. Die Ausländerbeiräte sind ein parlamentarisches Gremium auf kommunaler Ebene, welches nur Anregungen an den Rat und Oberstadtdirektor richten kann, nicht aber die Kompetenz besitzt, Beschlüsse zu fassen und diese Beschlüsse in die Tat umzusetzen. Die Einführung des kommunalen Wahlrechts auf Grundlage der Unionsbürgerschaft, die nach 1997 realisiert wird, wird nicht nur die Ausländer in zwei Gruppen spalten, in diejenigen, die als EU-Angehörige mitwählen dürfen und diejenigen, die trotz jahrzehntelangen Lebens in der Bundesrepublik nicht wählen dürfen, sondern wird voraussichtlich auch dazu führen, daß die Ausländerbeiräte drastisch an Gewicht verlieren, da die Ausländer mit einem EG-Paß sicher kein Interesse daran haben werden, in diesem Gremium aktiv mitzuwirken.

Daß Interesse an der politischen Mitbestimmung besteht, zeigt folgendes Beispiel: Von den bundesweit ca. 971.000 Mitgliedern der SPD sind ca. 24.000 Türken. Ihr Anteil an den Mitgliedern dieser Partei entspricht somit annähernd demjenigen ihres Anteils an der Gesamtbevölkerung. Innerhalb der Partei Die Grünen/Bündnis 90 hat sich der türkische Verein Yesiller gebildet, der täglich neue Mitglieder zu verzeichnen hat. Daneben hat die türkische Minderheit eine unüberschaubare Zahl von Selbstorganisationen der unterschiedlichsten politischen und kulturellen Zielsetzungen gebildet, die sich zunehmend in Dachorganisationen zusammenschließen, um somit ihren gemeinsamen Forderungen mehr Nachdruck verleihen zu können.

Auch wenn die Diskussion um die doppelte Staatsbürgerschaft nach wie vor geführt wird und das deutsche Staatsbürgerschaftsrecht mit seinem Prinzip des ius sanguinis stark kritisiert wird, sind angesichts des politischen Klimas in Deutschland derzeit außer der formal erleichterten Einbürgerung für Ausländer, die sich schon lange in der Bundesrepublik aufhalten, wie sie seit Anfang 1991 möglich ist, keine weiteren rechtlichen Verbesserung für die nicht-EU-angehörigen Ausländer zu erwarten.

Schlußfolgerungen

Insgesamt kann man bei der türkischen Minderheit einen großen Wandel von Homogenität zur Heterogenität feststellen. Während im Verlauf der sechziger und siebziger Jahre die Türken hauptsächlich eine Arbeitnehmertätigkeit ausübten und insbesondere in Bereichen wie verarbeitendes Gewerbe, Energie und Bergbau beschäftigt waren, findet ein Wandel in der Beschäftigungsstruktur unter Türken statt. Der Anteil der türkischen Beschäftigten, die bei Kreditinstituten, im Versicherungsgewerbe, in Dienstleistungsbetrieben, Gebietskörperschaften und Sozialversicherungen arbeiten, nimmt prozentual zu. Auf der anderen Seite ist eine prozentuale Abnahme der Ausländerbeschäftigung während der neunziger Jahre im Bereich der verarbeitenden Industrie, des Baugewerbes und des Bergbaus zu erwarten. Gegenwärtig studieren an deutschen Hochschulen über 92.000 ausländische Studenten. Die Mehrzahl dieser Studenten stammt aus den ausländischen Arbeiterfamilien. Die größte Gruppe der ausländischen Studenten bilden die türkischen Studenten mit einer Gesamtzahl von knapp 13.000, von denen über 75 % Bildungsinländer, d.h. Kinder türkischer Familien, die in der BRD leben, sind. Die über sechs Millionen Ausländer, die Anfang der neunziger Jahre in der Bundesrepublik Deutschland leben, werden während der neunziger Jahre Bestandteil der deutschen Gesellschaft sein. Es bleibt zu hoffen, daß die Identitätsfindung türkischer Jugendlicher, die sich sowohl als ein fester Bestandteil der deutschen Gesellschaft empfinden, als auch ein verstärktes Selbstbewußtsein für ihre Zugehörigkeit zu einer ethnischen Minderheit entwickeln, weiterhin positiv entwickelt. Sicherlich hängt viel davon ab, wie mit dem Problem der wachsenden Ausländerfeindlichkeit in Deutschland umgegangen wird, aber auch inwieweit die deutsche Gesellschaft auch rechtlich bereit ist, die neue Minderheit voll in das politische und gesellschaftliche System der Bundesrepublik zu integrieren.

Heiner Sandig

Zur Akzeptanz einer neuen Einwanderungspolitik unter besonderer Berücksichtigung der Situation in den neuen Bundesländern

Beim Titel meines Vortrages stoppe ich schon einmal: Natürlich verfolgen die Menschen im Osten auch die Diskussion in Gesamtdeutschland, aber eine neue Einwanderungspolitik ist ihnen insofern ein wenig unverständlich, weil der Ausländeranteil in den neuen Bundesländern sich gegenüber DDR-Zeiten absolut nicht verändert hat. Zum Stichtag 30. Juni 1993 war der Ausländeranteil im Freistaat Sachsen 1,17 %. So war er auch zu DDR-Zeiten. Um Ihnen das noch ein wenig deutlicher zu machen, möchte ich näher ausführen, wer diese Gruppen sind: Es waren 10.000 Asylbewerber in Sachsen, es waren ca. 7.000 durch Regierungsabkommen zugewanderte Arbeitnehmer der früheren DDR. Es gab 2.500 ausländische Studenten. Es gab nur 560 Bürgerkriegsflüchtlinge aus Bosnien. Es gab nur 280 jüdische Emigranten aus der früheren Sowjetunion. Es gab darüber hinaus noch 410 geduldete Flüchtlinge und Menschen mit einem gefestigten Aufenthaltstitel, ca. 7.000 Frauen und Männer, die einen deutschen Ehepartner haben, und ca. 4.000 Werkvertragsarbeitnehmer. Insofern ist die Situation in Ostdeutschland absolut anders als in Westdeutschland. Ich denke, das muß man als erstes deutlich sagen. Es kommt noch hinzu, daß der Anteil an Menschen mit ausländischem Paß in Ostdeutschland und natürlich in Sachsen weiter sinkt durch die geringer werdenden Asylbewerberzahlen, vor einem Jahr noch 10.000 Asylbewerber in Sachsen, heute 7.000. Und es kommen auch kaum Flüchtlinge aus Ex-Jugoslawien zu uns. Das hat sicherlich damit etwas zu tun, daß viele Flüchtlinge zu Freunden oder zu Verwandten nach Westdeutschland kommen, Verwandte, die es hier in Ostdeutschland nicht gibt. Deswegen als Vorbemerkung: Ja, es wird in verantwortlichen Gruppen schon über Einwanderung gesprochen, aber es ist auf die Breite kein Thema. Ich will das jetzt in zehn Punkten versuchen, deutlich zu machen:

Erstens. Die ungewohnten und die unbekannten Fremden – Sie erlauben, daß ich mich exemplarisch im wesentlichen auf Sachsen beschränke, aber ich denke, in den anderen neuen Bundesländern ist es nur graduell anders. Wenn von Ausländern gesprochen wird, das ist ein ganz gewichtiges Problem, wird fast nur an Asylbewerber gedacht. Jedenfalls werden nur die Asylbewerber gesehen. Denn es gibt – von wenigen Ausnahmen abgesehen – keine ausländischen Kollegen, keine ausländischen Kaufleute, keine ausländischen Ärzte oder was auch immer. Es gibt die Ausnahme, Menschen, die mit deutschen Ehepartnern verheiratet sind, aber da merkt man es i.d.R. auch nur am Namen; und auch schon zu früheren Zeiten haben viele dieser Frauen und Männer, die den ausländischen Paß besitzen, kaum deutlich gemacht, daß sie von Haus aus nicht Deutsche sind. Es gibt nicht diesen ganz normalen Umgang mit Ausländern. Er ist das Schwierige, das Allerschwierigste an der gegenwärtigen Situation.

Sicherlich gibt es, zweitens, die Aussiedler. Sachsen müßte 6,5 % der Aussiedler übernehmen. Viele von ihnen ziehen aber, wenn das Verfahren gelaufen ist, nach Westdeutschland. Sie sind also weniger präsent hier im Osten. Aus meiner Sicht kann ich feststellen, daß sie im allgemeinen weitgehend akzeptiert werden, aber nicht unter dem Gesichtspunkt, weil sie Deutsche sind im Sinne des Grundgesetzes, sondern weil ein gewisser Mitleideffekt eine Rolle spielt: Ja, die Leute haben es schwer. In ihrer Heimat, da geht es auch nicht so besonders, und trotz Sprachproblemen soll man schon gut mit ihnen umgehen, und sie sind ja auch so lieb zurückhaltend und so wenig auffallend. Ich denke, diese Tendenz spielt eine Rolle, weniger, daß man sagt, ja, es sind doch Deutsche.

Deshalb drittens: Während in der Bundesrepublik Deutschland alt es schon seit Jahren so war, daß sie faktisch Einwanderungsland war und die Politiker immer nur so getan haben, als müßten sie darüber noch entscheiden, ob sie einmal Einwanderungsland werden sollte, ist es aus meiner Sicht in Ostdeutschland anders. Ostdeutschland ist wirklich kein Einwanderungsland, auch kein faktisches Einwanderungsland gewesen. Und deshalb spielt die momentane Diskussion, die in Gesamtdeutschland geführt wird, bei uns im Osten eine ganz geringe Rolle. Etwa, daß

Ausländer soviel zum wirtschaftlichen Aufbau des Landes beigetragen haben, ist für die Bundesrepublik alt ganz ohne Zweifel zu akzeptieren, betrifft uns aber nur sehr gering. Es haben leider viel weniger Ausländer zum wirtschaftlichen Aufbau beitragen können. Das ist die Ausgangslage. Es gibt eine einzige Ausnahme, und von dieser will ich ein wenig ausführlicher reden.

Viertens: Die sog. Regierungsabkommenarbeitnehmer der früheren DDR. Sie sind schon angesprochen worden. Seit Anfang der 70er Jahre gab es das, daß die DDR Arbeitskräfte brauchte. Die Regelung hierfür geschah durch Regierungsabkommen. Eine bestimmte Menschengruppe wurde durch Abkommen für eine bestimmte Zeit in die DDR geholt. Erst kamen sie aus Ländern in der Nähe, dann aber auch aus arabischen Ländern, aus anderen europäischen Ländern, aber vor allem aus Kuba, Vietnam, Mosambik und Angola. Offiziell hieß es, daß diese Frauen und Männer zur Ausbildung in die DDR kamen, aber die Ausbildung war i.d.R. nur sehr kurz, manchmal nur sechs Wochen, und sie haben dann schon meist Arbeitsplätze bekommen, die kein Ostdeutscher haben wollte. So war das auch, ganz gewiß. Das ist nicht das Problem. Das Problem ist wahrscheinlich ein anderes. I.d.R. wurde diese Personengruppe eher gettoisiert. Es war nicht erwünscht, daß Ostdeutsche mit ihnen, etwa mit Vietnamesen, Kontakt haben sollten, sondern sie waren in Heimen untergebracht. Da war ein Pförtner. Ich war früher evangelischer Pfarrer. Es ist mir fast nie gelungen, an dem Pförtner vorbeizukommen. Das war nicht erwünscht. Es gab wohl offizielle Treffen am 1. Mai und 7. Oktober, das waren damals Nationalfeiertage, aber eigentlich waren die Kontakte nur am Arbeitsplatz und bei wenigen offiziellen Anlässen möglich, sonst nicht. Und der Staat hat doch ziemlich in die Angelegenheiten dieser Menschen hineinbestimmt. Frauen etwa, die schwanger wurden, wurden vor die Alternative gestellt, Schwangerschaftsabbruch oder sofort nach Hause. Sie durften in der DDR keine Kinder gebären. Es gab bei der DDR-Bevölkerung dann das Gefühl, eigentlich sind das doch Menschen, die uns leid tun müssen. Als sich dann 1989 und im Laufe des Jahres 1990 die politische Wende vollzog, war das Wollen in allen politischen Kreisen sehr stark, daß die Menschen, die bleiben wollen aus dieser Personengruppe, auch möglichst bleiben können. Zur Zeit der Wende gab es 90.000 Vertragsarbeitnehmer in der DDR. Die Regierung de Maizière hat dann die betreffenden Länder gefragt: Wollt ihr den Vertrag bestätigen? Und nur drei Länder – Vietnam, Mosambik und Angola – haben gesagt: Ja, wir wollen. Die anderen haben gesagt: Nein, unsere Leute sollen zurück, wir wollen das nicht. Zu reden ist hier also nur von der Personengruppe aus diesen drei Ländern. Am 13. Juni 1990 ist mit ihnen ein Vertrag gemacht worden, daß sie so lange bleiben können, wie ursprünglich ausgemacht war, auch wenn der Betrieb aufgelöst wird, in dem sie gearbeitet haben. In der ganzen Zeit des bestehenden vereinten Deutschlands gibt es hier im Osten ein ganz starkes Bemühen, daß wenigstens diese Personengruppe, die mit uns zusammen gelebt hat, möglichst lange oder für immer bleiben kann. Ich kann für den Sächsischen Landtag reden. Alle Parteien des Sächsischen Landtages, also PDS, Bündnis 90/Grüne, FDP, CDU und SPD, haben sich immer wieder in fast einstimmigen Resolutionen dafür eingesetzt, für diese Personengruppe ein Bleiberecht zu erwirken. Wir hoffen, daß es in etwa jetzt gelungen ist. Wir Sachsen haben uns sehr darum bemüht. Die Innenministerkonferenz im Mai 1993 hat unter bestimmten Bedingungen eine nicht besonders gute Bleiberechtregelung beschlossen: Wer Arbeit hat, bekommt eine Aufenthaltsbefugnis für zwei Jahre, die verlängert werden kann. Wer keine Arbeit hat, kriegt eine Duldung für ein halbes Jahr, um Arbeit zu suchen. Das Bundesministerium für Arbeit und Sozialordnung hat im Laufe des Junis die Möglichkeit eröffnet, daß diese Gruppe, wenn sie mit einer allgemeinen Arbeitserlaubnis keine Arbeit kriegt, die besondere Arbeitserlaubnis erhält. Die sonst notwendige Arbeitsmarktprüfung hat dann nicht stattzufinden. Dieses halbe Jahr läuft jetzt bis 17. Dezember 1993. Wir hoffen, daß möglichst viele bleiben. Ich sage das deshalb so deutlich, weil es parteiübergreifend einen breiten Konsens in Ostdeutschland und auch in Sachsen gab, wenigstens dieser Gruppe Ausländer ein Bleiberecht einzuräumen. Das ist eine völlig andere Situation, als Sie sie möglicherweise in Westdeutschland erleben.

Deshalb fünftens: Natürlich sind wir in Ostdeutschland und vielleicht besonders in Sachsen arg provinziell, ich gebe das ja zu. Aber unsere Provinzialität hat auch Ursachen und ist zum Teil auch rational erklärbar. Also dieses Argument, daß wir Ausländer brauchen, damit unsere Arbeitsplätze besetzt werden können, Arbeitsplätze, die sonst von

Deutschen nicht wahrgenommen werden, das stimmt für Ostdeutschland nicht. Es ist wohl wahr, es gibt keinen Arbeitsplatz in Ostdeutschland, der nicht von einem Deutschen besetzt werden könnte.

Und natürlich ist es im Moment so, daß Menschen große Angst um ihre Wohnungen haben. Noch stärker ist ihre Angst vor allem Unbekannten. In Ostdeutschland ist ja mehr passiert, als daß sich nur ein Gesellschaftssystem geändert hat und eine neue Regierung verantwortlich ist. Es hat sich alles verändert, von der Krankenkasse über die Versicherung bis zu dem ganz normalen Leben; nichts ist geblieben, bis hin zur Straßenverkehrsordnung. Das Gefühl: "Ich beherrsche es nicht mehr" ist durchaus übergreifend, es ist stark. Das meine ich auch mit "provinziell denken". Ich finde das nicht gut, aber es ist vorhanden.

Deshalb sechstens: In das so provinzielle Ostdeutschland und provinzielle Sachsen kommt nun die gesamtdeutsche Diskussion herein, mit schlimmen Schlagworten und auch Übertreibungen, vor allen Dingen im letzten Herbst: also z. B. "der Asylantenstrom". Hier gab es keine "Asylantenströme". Aber es wurde in den Medien verbreitet und hat natürlich bei manchen Leuten auch wieder zusätzliche irrationale Ängste ausgelöst. Noch schlimmer war m.E. im vergangenen Herbst die Diskussion um den sogenannten Mißbrauch von Sozialleistungen durch Asylbewerber. Es war so, daß die Versorgung der Asylbewerber in Ostdeutschland schon länger und fast überall nicht an die Sozialhilfe gekoppelt war, sondern daß i.d.R. schon früher Sachleistungen gezahlt worden sind, oder ein Geldsatz von DM 8,50 pro Tag zum Verpflegen, der nicht an die Sozialhilfe geknüpft war. Aber jeder Mensch hat hier diskutiert: Ja, das ist doch die Möglichkeit des Mißbrauchs von Sozialleistungen – die in Ostdeutschland gar nie stattfinden konnte, denn Asylbewerber wohnten z.B. nie in Wohnungen, sondern fast immer in relativ großen Unterkünften. Oder die Behauptung, daß ein Asylbewerber mehr bekommt als einer, der arbeitet! Das war nicht möglich! Aber in jeder Diskussion hat es eine Rolle gespielt. Oder: Sie nehmen uns die Arbeitsplätze und die Wohnungen weg. Wenn ich sehe, wir haben jetzt in Sachsen vielleicht 35 Asylberechtigte, und alle Asylbewerber sind in Gemeinschaftsunterkünften untergebracht. Also kein Asylbewerber hat eine Wohnung. Aber die Diskussion, die vom Westen zu uns rübergeschwappt ist, ist bei uns nachgeplappert worden, ohne Sachverstand. Das hatte die Situation nur noch erschwert.

Deshalb siebtens: Leider ist es so, daß die demographischen Aspekte, die in Ihrer Tagung ja auch eine Rolle spielen, in Ostdeutschland im Moment nicht wahrgenommen werden oder nicht wahrgenommen werden wollen. Mag sein, daß bei uns bis jetzt immer noch ein wenig mehr Kinder geboren wurden, aber trotzdem ist das Problem der demographischen Entwicklung auch in Ostdeutschland schon so, daß wir neue Bürgerinnen und Bürger brauchen. Aber man will es nicht wahrnehmen, man hat Angst davor oder man diskutiert darüber selten in der Öffentlichkeit. Und das letzte Negative, was ich sagen will – Sie nehmen mir's nicht übel, aber es muß wohl sein –: Natürlich spielt in Ostsachsen – man muß das schon sehr ernst nehmen – eine Rolle, daß es Regionen gibt, die stark unter Grenzkriminalität leiden. Die unsicheren Ostgrenzen der Europäischen Gemeinschaft verursachen ein völlig verzerrtes Bild von der Gesamtwirklichkeit in Europa. Natürlich hat es im Moment jemand, in dessen Wohnung zum wiederholten Mal eingebrochen wurde, relativ schwer. Obwohl diese Einbrüche nicht von Asylbewerbern und nicht von Menschen, die hier leben, sondern von irgendwelchen Gruppen von Dieben, die von jenseits der Grenze kommen und wieder zurückgehen, begangen werden, wird die Schuld verallgemeinert. Die Geschädigten reden im Moment nicht mehr rational. Das kann ich einerseits auch verstehen, aber es ist schlimm und traurig.

Deshalb achtens: Ich habe im August 1993 meinen Jahresbericht im Sächsischen Landtag vorgelegt, und ich habe ihn ganz vorsichtig überschrieben mit "Mit Fremden leben lernen". Das ist überhaupt das größte Problem im Osten, einfach das ganz normale Zusammenleben. Es geht bei uns noch lange nicht oder jedenfalls nur in Ansätzen um eine multikulturelle Gesellschaft oder interkulturelles Lernen. Das ist alles wichtig. Aber noch wichtiger ist es mit Fremden leben lernen, d.h. den Fremden wahrnehmen und bei ihm und mit ihm leben. Prof. Esser, ein früherer Hochschullehrer der TU in Dresden, hat das für mich schöne Wort geprägt, daß wir in Sachsen und wahrscheinlich insgesamt in Ostdeutschland eine Ausländerfeindlichkeit fast ohne Ausländer haben. Das genau ist das Problem. Allerdings ganz so schlimm ist es auch nicht mit den rechtsextremen Gewalttaten in Ostdeutschland; sie sind schlimm, und Hoyerswerda hat den Anfang gebildet. Richtig ist: 1992 hat der Freistaat Sachsen an sechster Stelle der Statistik gestanden. Aber im ersten Halbjahr 1993 ist in der Bundesrepublik insgesamt das noch mal um 70 % angestiegen, im Freistaat Sachsen aber um 50 % gesunken. Ich sage das nicht, weil wir stolz sein wollen, sondern ich sage nur, das ist ein gesamtdeutsches Problem und keine besondere Spezifik des Ostens. Ich denke sogar, daß die ausländerfeindliche Gewalt in Deutschland in etwa überall ziemlich gleich verbreitet ist. Und Sie haben mit Recht erwähnt, auch zu DDR-Zeiten gab es das. Es gibt Untersuchungen, daß es spätestens seit Mitte der 80er Jahre Tendenzen zur Ausländerfeindlichkeit und zum Antisemitismus in Jugendgruppen gegeben hat. Ich weiß nicht genau, ob das damals eine tiefe Ideologie war, oder ob man beispielsweise ein Hakenkreuz geschmiert hat, weil man die Regierung mal so richtig ärgern konnte. Das muß noch genauer untersucht werden.

Deshalb neuntens: In diesem Bericht "Mit Fremden leben lernen" habe ich ein paar Gedanken formuliert, über die jetzt in Sachsen die Diskussion stattfinden muß. Das ist dann genau unser Thema. Ich darf zitieren: "1,17 % Ausländeranteil in Sachsen. In Zukunft werden aber mehr Menschen in Sachsen leben, deren Eltern oder Großeltern nicht hier in Deutschland wohnen. Manche von ihnen werden einen deutschen Paß besitzen, andere werden noch darauf warten müssen, wieder andere werden keinen haben wollen. Frauen und Männer aus anderen Ländern der Europäischen Gemeinschaft werden viel mehr als bisher in Sachsen arbeiten als Arbeitnehmer, Unternehmer oder Freiberufler. Sog. 'Gastarbeiter der zweiten oder dritten Generation', vielleicht auch türkisch sprechend, werden selbstverständlich nicht nur in Berlin oder Frankfurt/Main, sondern auch in Dresden und Plauen wohnen. Die Zahl der Asylberechtigten, von denen es jetzt erst ganz wenige gibt, wird steigen. Sie werden lange oder auch immer in Sachsen bleiben. Auch in Zukunft wird es leider Kriege und Bürgerkriege geben, und die Bundesrepublik Deutschland und damit auch der Freistaat Sachsen wird, was sehr zu hoffen ist, die Flüchtlinge aufnehmen. Durch die Möglichkeiten der Familienzusammenführung werden zusätzlich fremde Menschen zu uns kommen, aber es ist zu hoffen, daß sich Deutschland und Sachsen den weltweiten Flüchtlingsströmen aus Hunger nicht ganz verschließen werden. Es wird wohl in Deutschland in absehbarer Zeit zu einer Zuwanderungsgesetzgebung kommen, die gleichzeitig eine Zuwanderungsbegrenzung beinhaltet, aber auch dadurch werden wir zu sächsischen Bürgerinnen und Bürgern kommen, die ursprünglich in einem anderen Land zu Hause waren. Die erste und wichtigste Aufgabe für eine sächsische Ausländerpolitik muß daher die Information der Öffentlichkeit sein, daß im Freistaat trotz der neuen Asylgesetzgebung und der damit niedrigeren Asylbewerberzahlen in Zukunft mehr Ausländer als bisher leben werden. Und daß auch die Zahl der Flüchtlinge nicht abnehmen wird. Es wird nötig sein, durch die Information die Voraussetzungen dafür zu schaffen, daß Sachsen nicht mehr ohne Ausländer leben wollen." Das ist jetzt für Ostdeutschland – ich habe das am Beispiel Sachsens versucht klarzumachen – die Aufgabe.

Deshalb zehntens: Mir erscheint es wichtig zu sein, wirklich eine gesamtdeutsche Diskussion über eine neue Einwanderungspolitik zu führen, denn die Argumente für die Einwanderung, die bis jetzt vorgebracht werden, sind im wesentlichen "westdeutsch" geprägt.

Also zwei Aspekte zum Punkt Zehn: Die Diskussion, warum auch für Ostdeutschland eine Einwanderung nötig ist, muß geführt werden. Wenn wir Teil Deutschlands sind, wir Sachsen und wir Brandenburger und Sachsen-Anhaltiner, dann ist es doch zu hoffen und zu wünschen, daß Deutschland faktisch ein Land wird. Für uns in Ostdeutschland erscheint es mir viel sinnvoller, die Diskussion zu führen, ob wir uns den weltweiten Flüchtlingsströmen aus Hunger verschließen wollen oder nicht. Mir erscheint dieser Gesichtspunkt wichtiger für die ostdeutsche Diskussion zu sein als andere.

Sie haben mir die Aufgabe gestellt, zur Akzeptanz einer neuen Einwanderungspolitik unter besonderer Berücksichtigung der neuen Bundesländer zu sprechen. Ich will es so formulieren: Ich wünsche mir jetzt vor allem erstmal eine Diskussion, die den Provinzialismus alter DDR-Prägung ernst nimmt und uns hilft, uns ein wenig in Richtung Weltverantwortung zu bewegen. Ich möchte betonen, daß das Erkennen dieser Weltverantwortung gegen den Hunger und für die Aufnahme von Hungerflüchtlingen besonders wichtig ist. Ich erinnere mich an einen Antrag im Sächsischen Landtag, in dem die Staatsregierung gebeten wird, sich bei der Bundesregierung dafür stark zu machen, daß wir Sachsen mehr Kriegsflüchtlinge aus Bosnien bekommen sollen. Unser Antrag wurde mit einer einzigen Gegenstimme angenommen, aber es kamen nicht mehr Kontingentflüchtlinge! Wenn dem so ist, daß die Ostdeutschen an diesem Punkt durchaus empfindsamer sind als man es annimmt, daß wir Weltverantwortung im Rahmen unserer Möglichkeiten übernehmen wollen, dann sollten wir auch in Deutschland insgesamt anders diskutieren. Für Westdeutschland wird ja durchaus mit Recht gesagt, wir brauchen Ausländer und Zuwanderer, vor allen Dingen im eigenen Interesse, um unseren wirtschaftlichen Wohlstand zu halten und nicht abzurutschen. Dieses Argument möchte ich in Ostdeutschland so nicht verwenden, jedenfalls nicht, solange Deutschland noch so verschieden ist. Ich möchte, daß dieser Aspekt der Weltverantwortung stärker gesehen wird, da sind Ostdeutsche für meine Begriffe durchaus ansprechbar. Ich weiß, daß die Einsicht, daß wir Ausländer brauchen für die Entwicklung insgesamt in diesem Land, einen mühsamen, langwierigen Prozeß der Aufklärung der Bevölkerung über die schwierigen wirtschaftlichen und soziologischen Prozesse bedarf. Ich appelliere an Sie, uns in die öffentliche Diskussion einzubeziehen und den Aspekt der Weltverantwortung stärker bei einer Einwanderungsgesetzgebung zu berücksichtigen.

Gisbert Brinkmann

Europäische Einwanderungspolitik

1. Zuwanderung nach Europa – Daten zur Ausgangslage

Europa war und ist ein begehrtes Zuwanderungsgebiet und wird es auch in Zukunft bleiben.[1] Die Gründe für die gegenwärtigen und zukünftigen Wanderungsbewegungen liegen im wesentlichen in

- dem wachsenden Wohlstandsgefälle zwischen armen und reichen Ländern und der Konfrontation der armen Länder mit dem Wohlstand der reichen durch die weltweite Informationsgesellschaft,

- der demographischen Entwicklung, insbesondere in den weniger entwickelten Staaten des "Südens",

- innen- und außenpolitischen Faktoren (Kriegen, Bürgerkriegen, politischer Unterdrückung),

- der Einschränkung der Lebensgrundlagen durch schädliche Umweltveränderungen und ökologischen Raubbau, insbesondere in der Dritten Welt,

- dem Ausbau der Verkehrsnetze, die die technischen Möglichkeiten der Wanderung verbessern.

Die Wanderungsbewegungen finden hauptsächlich in Süd-Nord- und – seit der Überwindung der Spaltung in Europa – in Ost-West-Richtung statt. Von Bedeutung ist ferner die Binnenwanderung, insbesondere in der Dritten Welt.

---

1 Vgl. Hoffmann-Nowotny: Armutswanderung und Flucht nach Europa, in: Barwig u.a.: Asyl nach der Änderung des Grundgesetzte, Baden-Baden 1994, S. 27ff; Wollenschläger: Zuwanderung nach Europa, in: Barwig u.a., a.a.O., S. 44ff.

Nach Schätzungen des Hohen Flüchtlingskommissars der Vereinten Nationen (UNHCR) gibt es weltweit bis zu 20 Millionen Flüchtlinge im Sinne der Genfer Flüchtlingskonvention. Die Zahl der Flüchtlinge insgesamt, d.h. einschließlich der Armuts- und Umweltflüchtlinge, wird wesentlich höher geschätzt. Von den unter das Mandat des UNHCR fallenden 20 Millionen Flüchtlingen kamen nur ca. 5 % nach Westeuropa und von diesen ca. 60 % nach Deutschland.

Innerhalb der Europäischen Gemeinschaft mit insgesamt 345 Millionen Einwohnern hielten sich am 1.01.1991 lediglich etwa 10 Millionen Angehörige eines Nicht-Mitgliedstaates der EG, ca. 2,8 %, rechtmäßig und mit ständigem Wohnsitz auf.[2] Fast 87 % der Drittstaatsangehörigen lebten in nur drei EG-Mitgliedstaaten: in Deutschland über 3 Millionen (= 5,2 % der deutschen Bevölkerung), in Frankreich über 2 Millionen (= 3,9 % der französischen Bevölkerung) und in Großbritannien unter 2 Millionen (= 2,9 % der britischen Bevölkerung). Die in der Gemeinschaft lebenden Drittstaatsangehörigen sind überwiegend türkische Staatsangehörige (mit 2,24 Millionen). Dazu kommen 1,98 Millionen Angehörige der Maghreb-Länder (Marokko, Algerien, Tunesien), 0,79 Millionen aus Ex-Jugoslawien, ca. 1 Million aus westlichen Industrieländern (insbesondere USA und EFTA-Staaten) und die Angehörigen aus den ehemaligen Kolonien der EG-Länder, wie z.B. 336.000 aus Indien und Pakistan.

Etwa fünf Millionen Gemeinschaftsbürger halten sich in einem anderen EG-Land auf. Der Anteil der EG-Angehörigen in Deutschland beträgt etwa 2,3 %, in Frankreich 2,9 %, in Großbritannien 1,6 %, in Belgien 5,4 % und in Italien dagegen nur 0,2 %.

Obwohl in Europa und zwischen Europa und anderen Ländern schon immer stärkere Wanderungsbewegungen stattgefunden haben, traten die bedeutsamen Veränderungen erst in den letzten Jahrzehnten ein. Die legale Zuwanderung in die EG beschränkt sich nach dem in allen

---

2 Siehe zu den Daten: Statistisches Amt der EG (Eurostat): Schnellberichte Bevölkerung und Soziale Bedingungen, Luxemburg 1993, Nr. 6; Europäisches Parlament: Untersuchungsausschuß Rassismus und Ausländerfeindlichkeit, Bericht Glyn Ford, Luxemburg 1991, S. 127ff.

Mitgliedstaaten Mitte der siebziger Jahre verhängten Einwanderungsstopp für Arbeitskräfte im wesentlichen auf den Zuzug von Familienangehörigen und von Flüchtlingen und Asylbewerbern. Mitte der achtziger Jahre stieg die Zahl der Asylbewerber stark an; zwischen 1988 und 1990 kamen ca. 800.000 Asylbewerber in die Gemeinschaft.

Nach der Verhängung des Einwanderungsstopps geriet die Berufung auf ein Asylrecht in die Nähe eines Ersatzes für die fehlende Möglichkeit einer Einwanderung. Allerdings haben viele politisch Verfolgte vor dem Einwanderungsstopp von der Stellung eines Asylantrages abgesehen, da ihnen der einfachere Weg der Zuwanderung als Arbeitskraft offenstand. Es gibt demnach offensichtliche Verbindungen zwischen Einwanderung und Asyl. Gleichwohl dürfen beide Bereiche nicht miteinander vermischt werden, da sie unterschiedlichen Funktionen dienen. Das Asylrecht soll den Aufenthalt aus humanitären Gründen gewähren; es betrifft denjenigen, der aus seinem Heimatland flieht, weil er, aus welchen Gründen auch immer, von der Staatsgewalt verfolgt wird. Einwanderung hingegen soll den Zuzug aus wirtschaftlichen oder familiären Gründen ermöglichen; Einwanderung ist der Wechsel einer Person aus einem Staat in einen anderen mit Zustimmung beider Staaten.[3]

2. Gemeinschaftsbürger und Drittstaatsangehörige

Für Angehörige der EG-Mitgliedstaaten gilt seit Gründung der Europäischen Wirtschaftsgemeinschaft der Grundsatz der Freizügigkeit von Personen, die sich zunächst nur auf wirtschaftlich aktive Personen bezog: als Arbeitnehmer (Art. 48-51 EGV) und als selbständig Erwerbstätige im Rahmen der Niederlassungsfreiheit (Art. 52-58 EGV) und der Dienstleistungsfreiheit (Art. 59-66 EGV); begünstigt sind auch die jeweiligen Familienangehörigen. Freizügigkeit bedeutet das Recht auf freie Einreise und Aufenthalt, einschließlich der Arbeitsaufnahme. Durch drei Richtlinien von 1990, die zum 1. Juli 1992 in Kraft getreten sind, wurde die Freizügigkeit auf Studenten, auf aus dem Erwerbsleben

---

[3] Taschner: Asyl- und Einwanderungsrecht aus europäischer Perspektive, in: Hailbronner (Hrsg.): Asyl- und Einwanderungsrecht im europäischen Vergleich, Köln 1992, S. 113ff.

als Arbeitnehmer oder Selbständige ausgeschiedene und sonstige Personen erweitert.[4] Mit Inkrafttreten des Europäischen Wirtschaftsraumes zum 1. Januar 1994 ist die Freizügigkeit auf Angehörige der EFTA-Staaten Finnland, Island, Norwegen, Schweden und Österreich ausgedehnt worden.

Für Angehörige von Drittstaaten besteht grundsätzlich keine Regelungskompetenz der EG, es finden daher die jeweiligen Rechtsvorschriften der einzelnen Mitgliedstaaten Anwendung. Allerdings sind durch das Gemeinschaftsrecht die Familienangehörigen eines EG-Arbeitnehmers aus Drittstaaten, Ehepartner und Kinder bis 21 Jahre, begünstigt, die ein gemeinschaftsrechtlich begründetes Zugangs- und Aufenthaltsrecht genießen.[5] Hinsichtlich türkischer Staatsangehöriger gewährt der Beschluß des Assoziationsrates EWG-Türkei 1/80[6] u.a. beschäftigungsrechtliche Privilegierungen, wonach bei Vorliegen bestimmter Voraussetzungen ein Anspruch auf Verlängerung der Arbeitserlaubnis besteht; zwar besteht hiernach die Zuständigkeit der Mitgliedstaaten für die Regelung der Einreise und des Aufenthaltes weiter, jedoch hat der Europäische Gerichtshof entschieden,[7] daß das Beschäftigungsrecht auch ein Aufenthaltsrecht impliziert, d.h., besteht ein Recht auf Verlängerung der Arbeitserlaubnis, so besteht auch ein Recht auf Verlängerung der Aufenthaltserlaubnis.

Eingeschränkt wird die Zuständigkeit der Mitgliedstaaten für die Regelung der Einreise und des Aufenthalts von Drittstaatsangehörigen auch durch ihre Verpflichtungen gegenüber der Gemeinschaft, als sie keine Politik der Einwanderung von Drittstaatsangehörigen verfolgen dürfen, die das Recht der EG-Angehörigen auf Freizügigkeit einschränkt; da sich sowohl EG-Angehörige als auch Drittstaatsangehörige grundsätzlich um die gleichen Arbeitsplätze bewerben, könnte eine uneingeschränkte Zulassung von Drittstaatsangehörigen zum Arbeitsmarkt

---

4 Richtlinien 90/394/EWG, 90/365/EWG, 90/366/EWG vom 28. Juni 1990, ABl. EG, L 180/26, 28, 30.
5 Art. 10 der Verordnung (EWG) 1612/68 vom 15. Oktober 1968, ABl. EG L 257/2.
6 Abgedruckt in: Huber: Handbuch des Ausländer- und Asylrechts, München 1994, A 402.
7 Urteil vom 16. Dezember 1992, Rechtssache C-237/91 (Kus), in: Huber (Fn. 6), C 402.

durch einen Mitgliedstaat das Recht auf Freizügigkeit der EG-Angehörigen aushöhlen.

Von den vorstehend genannten Ausnahmen abgesehen, besteht demnach keine Kompetenz der Gemeinschaft für eine europäische Einwanderungspolitik. Zwar hat es nicht an Versuchen gefehlt, eine gemeinschaftsrechtliche Kompetenz zu begründen, jedoch lehnten die Mitgliedstaaten gemeinschaftsrechtliche Regelungen strikt ab, da sie die Regelung des Zugangs von Drittstaatsangehörigen als Kernbereich nationaler Souveränität ansahen. Vorschläge der EG-Kommission aus den siebziger Jahren wurden vom Rat der EG nicht aufgegriffen. In einer Entschließung erkannte der Rat 1985 lediglich die Zweckmäßigkeit einer Förderung der Zusammenarbeit und Konzertierung zwischen den Mitgliedstaaten und der Kommission hinsichtlich der Wanderungspolitik gegenüber Drittstaaten an.[8]

Die Notwendigkeit einer gemeinschaftsweiten Einwanderungspolitik wurde durch die zum 1. Januar 1987 in Kraft getretene Einheitliche Europäische Akte[9] verstärkt, durch die die Vollendung des Binnenmarktes zum 1. Januar 1993 geregelt wurde. Mit der Beseitigung der Binnengrenzen, d.h. der Abschaffung von physischen Grenzkontrollen für Personen und Waren, werden sowohl EG-Angehörige als auch Drittstaatsangehörige begünstigt. Nationale Einreise- und Aufenthaltsregelungen können nur noch schwer durchgesetzt werden, und nationale Regelungen können leicht unterlaufen werden. Mit der fortschreitenden Integration der Gemeinschaft lassen sich die Folgen einer Zuwanderung nicht mehr auf ein Land begrenzen. Zwar wurde die Notwendigkeit einer gemeinsamen Politik zur Beherrschung der Zuwanderung gesehen, die sich im wesentlichen auf Ansätze zu einer gemeinsamen Asylpolitik und die Bekämpfung der illegalen Einwanderung bezog, jedoch sollte dies nur durch Zusammenarbeit der Regierungen auf zwischenstaatlicher Ebene erfolgen.

---

8 ABl. EG vom 26. Juli 1986, C 186/2; siehe dazu auch Urteil des Europäischen Gerichtshofes, Rechtssachen 281, 283-285, 287/85, Slg. 1987, 3203.
9 BGBl. 1986 II, S. 1104.

3. Zusammenarbeit der Mitgliedstaaten in der Einwanderungspolitik

Im Hinblick auf eine europäische Einwanderungspolitik ist aus der Vielzahl der Gremien, die sich im Rahmen der Zusammenarbeit der Mitgliedstaaten mit Drittstaatsangehörigen beschäftigen, einmal die 1986 geschaffene Ad-hoc-Gruppe Einwanderung zu nennen. Ihre Mitglieder sind die für Einwanderung zuständigen Minister, i.d.R. die Innen- oder Justizminister. Sie hatte insgesamt fünf Untergruppen für Außengrenzen, Visapolitik, Asylpolitik, illegale Einwanderung und Informationsaustausch. Ihr Mandat war die Ermöglichung des freien Personenverkehrs, ohne daß dabei Sicherheitseinbußen entstehen.[10] An ihren Arbeiten nahm die Kommission beratend teil. Die Gruppe hat im wesentlichen zwei Übereinkommenstexte ausgearbeitet und mehrere Beschlüsse der Einwanderungsminister zu Einzelfragen der Einwanderungs- und Asylpolitik vorbereitet.[11]

Der Entwurf eines Übereinkommens der EG-Mitgliedstaaten über das Überschreiten der Außengrenzen vom Juli 1991 enthält Bestimmungen über die Voraussetzungen für die Einreise von Drittstaatsangehörigen, Grundsätze zur Kontrolle des grenzüberschreitenden Verkehrs an den Außengrenzen, die Kontrolle von Flugreisenden aus Drittstaaten und zur Zusammenarbeit bei der Durchführung der Kontroll- und Überwachungsaufgaben. Nach dem Entwurf verpflichten sich die Staaten zu einer Harmonisierung ihrer Visumspolitik und zur Einführung eines einheitlichen Visums. Drittausländer, die im Besitze eines Visums eines Mitgliedstaates sind, sollen für einen Kurzaufenthalt von bis zu drei Monaten in einem anderen Mitgliedstaat kein Visum mehr benötigen. Ferner werden Maßnahmen gegen die illegale Einwanderung vorgese-

---

10 Siehe Antwort Kommissar Bangemann auf EP-Anfrage 936/92, ABl. EG vom 1. März 1993, C 58/13; Antwort Präsident Delors auf EP-Anfrage 938/92, ABl. EG vom 22. Oktober 1992, C 274/51.

11 Vgl. z.B. Ketelsen: Drittstaatsangehörige in der Europäischen Gemeinschaft, in: Barwig u.a.: Das neue Ausländerrecht, Baden-Baden 1991, S. 293ff; Huber: Asyl- und Ausländerrecht in der Europäischen Gemeinschaft, NVwZ 1992, S. 618ff; Schoch: Asyl- und Ausländerrecht in der Europäischen Gemeinschaft, DVBl 1992, S. 525ff; Weber: Einwanderungs- und Asylpolitik nach Maastricht, ZAR 1993, S. 11ff.

hen, wie Sanktionen gegen Beförderungsunternehmer, die Drittausländer ohne gültiges Visum in die Gemeinschaft transportieren. Dieses Übereinkommen konnte wegen eines Streits zwischen Großbritannien und Spanien hinsichtlich der Einbeziehung von Gibraltar noch nicht verabschiedet werden.

Mit dem am 15. Juni 1990 in Dublin unterzeichneten "Übereinkommen über die Bestimmung des zuständigen Staates für die Prüfung eines in einem Mitgliedstaat der Europäischen Gemeinschaft gestellten Asylantrages"[12] werden nur Regelungen des für die Behandlung eines Asylantrages zuständigen Mitgliedstaates aufgestellt; es enthält ansonsten keine Regelungen des Asylverfahrens oder des materiellen Asylrechts. Nach diesem Übereinkommen soll für jeden Asylbewerber ein Prüfverfahren garantiert werden und damit verhindert werden, daß sich kein Staat verantwortlich fühlt, es also nicht zu "herumirrenden Flüchtlingen" ("refugees in orbit") kommt; Mehrfachverfahren durch Bestimmung des ausschließlich zuständigen Staates sollen vermieden werden, womit die Pflicht des zuständigen Staates korrespondiert, einen Asylbewerber ggf. von einem anderen Staat auf dessen Ersuchen zu übernehmen. Das Asylverfahren soll entsprechend der nationalen Gesetzgebung durchgeführt werden. Ferner ist ein Informationsverfahren vorgesehen, wonach bestimmte personenbezogene Daten, soweit diese zur Prüfung des Asylantrages oder der Zuständigkeit erforderlich sind, übermittelt werden können. Das Dubliner Übereinkommen ist bisher von sechs Mitgliedstaaten ratifiziert worden; in den andere Staaten ist – bis auf Spanien – das Ratifizierungsverfahren eingeleitet worden.

Die Einwanderungsminister haben verschiedene Entschließungen verabschiedet, die zwar rechtlich nicht bindend sind, jedoch praktisch zu einer gewissen Harmonisierung führen. Hinsichtlich des Asylrechts ist auf die auf der Londoner Tagung der Einwanderungsminister (20.11. – 1.12.1992) verabschiedeten Entschließungen zu offensichtlich unbegründeten Asylanträgen, zu Aufnahmedrittländern und zu sicheren Herkunftsländern zu verweisen.[13]

---

[12] Bundestags Drucksache 12/6485.
[13] Abgedruckt in: Barwig u.a., a.a.O. (Fn 1), Anhang.

Hinsichtlich der Einwanderung haben die Einwanderungsminister auf ihrer Tagung in Kopenhagen am 1./2. Juni 1993 eine Entschließung zur Harmonisierung der nationalen Politiken über die Familienzusammenführung angenommen. Nachzugsberechtigt sind Ehegatten und Kinder bis zu einem Höchstalter zwischen 16 und 18 Jahren; eine Wartezeit für die Familienzusammenführung kann vorgesehen werden. Ein eigenständiges Aufenthaltsrecht für nachgezogene Familienangehörige soll nach einer "angemessenen Zeit" erteilt werden.

Die Einwanderungsminister haben auf dieser Tagung ferner die Zahl der visumspflichtigen Länder auf 73 bestimmt; lediglich für 19 Länder besteht in keinem EG-Mitgliedstaat eine Visumspflicht, und für Angehörige von 92 Drittstaaten besteht zumindest in einem EG-Land eine Visumspflicht.

Der Europäische Rat hat auf seiner Sitzung am 11. und 12. Dezember 1992 in Edinburgh eine "Erklärung zu den Grundsätzen für die externen Aspekte der Einwanderungspolitik" angenommen.[14] Hierin wird u.a. betont:

- die "große Sorge" über die Migrationsbewegungen, die Druck auf die Mitgliedstaaten ausüben,

- die Gefahr einer Destabilisierung und die Erschwerung der Integrationspolitik durch unkontrollierte Einwanderungsströme,

- die Notwendigkeit, die Einwanderungsströme zu verringern,

- die verstärkte Bekämpfung von Rassismus und Fremdenfeindlichkeit,

- die Notwendigkeit einer Analyse der Ursachen des Einwanderungsdrucks und Mittel und Wege zur Beseitigung der Ursachen,

- der Einsatz für Frieden und Menschenrechte zur Verminderung des durch Kriege und repressive und diskriminierende Regierungen verursachten Einwanderungsdrucks,

---

14 Bulletin der Bundesregierung vom 28. Dezember 1992, Nr. 140, S. 1287f.

- die Bedeutung der Entwicklungshilfe zur Verringerung des Einwanderungsdrucks,

- die Bekämpfung illegaler Einwanderung und die Sicherstellung der Abschiebung illegaler Einwanderer.

Die vorstehend von allen zwölf EG-Mitgliedstaaten ausgearbeiteten Übereinkommen und Entschließungen sind entweder noch nicht in Kraft oder sind weitgehend unverbindlich. Weiter vorangeschritten sind jedoch die Arbeiten der sog. Schengen-Gruppe. Diese Gruppe wurde 1985 von den BENELUX-Staaten, Frankreich und Deutschland gegründet, der inzwischen Italien, Spanien, Portugal und Griechenland beigetreten sind. Die ursprünglichen fünf Schengen-Staaten hatten 1985 ein Übereinkommen geschlossen, das an den gemeinsamen Binnengrenzen dieser Staaten den Abbau der Personenkontrollen und der Kontrollen des mit dem Personenverkehr verbundenen Warenverkehrs mit dem Ziel einer vollständigen Beseitigung der Kontrollen vorsieht; bestimmte Kontrollerleichterungen des 1. Schengener Übereinkommens sind bereits in Kraft getreten.

Mit dem 2. Schengener Übereinkommen vom 19. Juni 1990[15] soll nun die vollständige Aufhebung aller Personenkontrollen erreicht werden. Es enthält u.a. Regelungen, die dem von den Zwölf ausgearbeiteten Entwurf eines Übereinkommens über das Überschreiten der Außengrenzen entsprechen und in seinem asylrechtlichen Teil dem Dubliner Übereinkommen vergleichbare Regelungen. Auch nach diesem Übereinkommen ist die Möglichkeit eines visumsfreien Kurzaufenthaltes bis zu drei Monaten in einem EG-Mitgliedstaat durch einen in einem anderen Staat wohnhaften Drittausländer vorgesehen. Das 2. Schengener Übereinkommen, das auch Schengener Durchführungsübereinkommen genannt wird, ist inzwischen von den fünf Schengener Gründerstaaten und Spanien ratifiziert worden und könnte daher in Kraft treten. Das zur Unterstützung der intensiveren Zusammenarbeit der für die innere Sicherheit in den Mitgliedstaaten zuständigen Behörden vorgesehene gemeinsame datengestützte Fahndungs- und Informationssystem ("Schengener In-

---

15 Bundesrats Drucksache 121/92.

formationssystem, SIS) hat noch technische Mängel und verhindert bisher das Inkrafttreten.

In den Schlußbestimmungen des 2. Schengener Übereinkommens wird der Vorrang des Rechts der EG und der Genfer Flüchtlingskonvention festgelegt. Auch soll eine völkerrechtliche Vereinbarung, die von allen zwölf EG-Mitgliedstaaten abgeschlossen worden ist, wie das Dubliner Übereinkommen, dem 2. Schengener Übereinkommen vorgehen, da im Falle eines Widerspruchs das Schengener Übereinkommen ersetzt wird oder angepaßt werden muß.

Von Bedeutung für die Bekämpfung illegaler Einwanderung ist auch das zwischen den Schengen-Staaten und Polen abgeschlossene Übereinkommen über die Rückübernahme von Personen mit unbefugtem Aufenthalt vom 29. März 1991[16]. Ausländer, die von Polen nach z.B. Deutschland unerlaubt einreisen, müssen von Polen zurückgenommen werden; dies dürfte auch für die Asylbewerber gelten, die ohne Visum von Polen in die Bundesrepublik eingereist sind und deren Asylantrag rechtskräftig abgelehnt worden ist. Die Rückübernahmeverpflichtung bezieht sich nach einer Protokollerklärung vorläufig allerdings nur auf polnische Staatsangehörige. Ein ähnliches, mit der Tschechischen Republik beabsichtigtes Übereinkommen ist bisher nicht zustande gekommen.

4. Verstärkte Zusammenarbeit nach Maastricht

Auf dem Europäischen Rat in Rom vom Dezember 1990 wurde neben der Regierungskonferenz zur Wirtschafts- und Währungsunion die Regierungskonferenz zur Politischen Union eingesetzt, die ihren Abschluß durch den Vertrag von Maastricht fanden. Obwohl Einwanderung und Asyl nicht Themen der Konferenz sein sollten, schlug die Bundesregierung auf dem Europäischen Rat in Luxemburg Ende Juni 1991 vor, für die Bereiche Asyl, Einwanderung und Drittstaatsangehörige eine Kompetenz der Gemeinschaft zu schaffen, um auf der Grundlage der in den Mitgliedstaaten geltenden Garantien zugunsten politisch Verfolgter und

---

16 BGBl. 1993 II, S. 1100.

unter Beachtung der Genfer Flüchtlingskonvention durch einstimmigen Ratsbeschluß eine formelle und materielle Harmonisierung des Einwanderungs- und Asylrechts in Europa erreichen zu können. Die anderen EG-Staaten konnten sich zwar mit den Zielen des deutschen Vorschlages grundsätzlich einverstanden erklären, legten sich aber darüber hinaus nicht fest.[17]

Der am 7. Februar 1992 in Maastricht unterzeichnete Vertrag über die Europäische Union "stellt eine neue Stufe bei der Verwirklichung einer immer engeren Union der Völker Europas dar."[18] Der Gemeinschaft wurden u.a. neue Zuständigkeiten in verschiedenen Bereichen übertragen, und es wurden neue Formen der Zusammenarbeit der Mitgliedstaaten vorgesehen, die für die Einwanderungs- und Asylpolitik wichtig sind.

Zur Verdeutlichung soll darauf hingewiesen werden, daß unter "Europäischer Union" ein rechtliches Dach zu verstehen ist, das auf "drei Säulen" beruht: 1. den drei Verträgen, die ein Handeln der Gemeinschaft ermöglichen, also dem früheren EWG-Vertrag und jetzigem Vertrag über die Europäische Gemeinschaft (EGV) und daneben dem EGKS-Vertrag und Euratom-Vertrag, 2. der Zusammenarbeit im Rahmen der Gemeinsamen Außen-und Sicherheitspolitik und 3. der Zusammenarbeit in den Bereichen Justiz und Inneres.

Im Bereich der 1. Säule wird durch Art. 100c EGV geregelt, daß der Rat – zunächst einstimmig und ab 1.01.1996 mit qualifizierter Mehrheit – die Länder bestimmt, "deren Staatsangehörige beim Überschreiten der Außengrenzen der Mitgliedstaaten im Besitz eines Visums sein müssen". Insoweit ist für den begrenzten Bereich des Visumszwangs und auch die einheitliche Visumsgestaltung für Drittstaatsangehörige der Einstieg in die Vergemeinschaftung und damit der Beginn, Drittstaatsangehörige in die Maßnahmen der Gemeinschaft einzubeziehen, erreicht worden.

---

17 Bulletin der Bundesregierung vom 9. Juli 1991, Nr. 78, S. 627, 630.
18 Art. A Abs. 2 des Vertrages über die Europäische Union (BGBl. 1992 II, S. 1253).

Im Bereich der 3. Säule, in Titel VI des Vertrages über die Europäische Union, haben die Mitgliedstaaten weiter vereinbart, daß nach Art. K. 1 Nr. 1 - 3 die Asylpolitik, Vorschriften über das Überschreiten der Außengrenzen und die Einwanderungspolitik sowie die Politik gegenüber Drittstaatsangehörigen als "Angelegenheiten von gemeinsamen Interesse" betrachtet werden. Diese Bereiche werden also weiterhin in der Form der Regierungszusammenarbeit und nicht der Vergemeinschaftung behandelt. Allerdings wird für die Zusammenarbeit ein institutioneller Rahmen geschaffen, der ähnlich dem des EGV ist und in dem Kommission, Rat, Europäisches Parlament und ggf. der Europäische Gerichtshof tätig werden, wodurch die Kohärenz mit der Gemeinschaftstätigkeit hergestellt werden soll.

Die einzigen Hinweise auf die materielle Gestaltung finden sich in Art. K. 2, wonach die Europäische Menschenrechtskonvention und die Genfer Flüchtlingskonvention zu beachten sind, und in Art. F. Abs. 2, wonach die in der EMRK gewährleisteten Grundrechte und die nationalen Verfassungstraditionen zu beachten sind.

Die weiteren Bestimmungen von Titel VI regeln das Verfahren, nach denen sich die Zusammenarbeit richtet. Art. K. 3 regelt neben einer allgemeinen Unterrichtungs- und Konsultationspflicht für die Koordinierung ferner, daß der Rat auf Initiative eines Mitgliedstaates oder der Kommission gemeinsame Standpunkte festlegen oder Maßnahmen annehmen sowie Übereinkommen mit Zwei-Drittel-Mehrheit annehmen kann. Diese Übereinkommen bedürfen für ihr Inkrafttreten der Ratifikation durch die einzelnen Mitgliedstaaten.

Im Gegensatz zur bisherigen Zusammenarbeit hat die Kommission – neben den Mitgliedstaaten – ein eigenes Initiativrecht und ist umfassend an den Arbeiten in der Asyl- und Einwanderungspolitik beteiligt. Auch wird das Europäische Parlament in die Arbeiten einbezogen. Nach Art. K. 6 wird es vom Ratsvorsitz und der Kommission regelmäßig über die Arbeiten unterrichtet und wird auch vom Vorsitz angehört. Die Auffassungen des EP sollen aber lediglich "gebührend berücksichtigt werden", eine Bindung besteht also nicht.

Die Zuständigkeit des Europäischen Gerichtshofes, dem sonst im Rahmen der Zuständigkeit der Gemeinschaft die Wahrung des Gemeinschaftsrechts obliegt, kann lediglich für die Auslegung der vom Rat angenommenen Übereinkommen und für Streitigkeiten über ihre Anwendung vorgesehen werden. Wird also die Zuständigkeit des EuGH nicht vereinbart, ist eine einheitliche Anwendung der Übereinkommen in den einzelnen Mitgliedstaaten nicht sichergestellt.

Die zukünftige intergouvernementale Zusammenarbeit wird von dem "aus hohen Beamten bestehenden Koordinierungsausschuß" nach Art. K. 4 koordiniert; der K. 4-Ausschuß wird auch die Beschlußfassung des Rates nach Art. K. 3 vorbereiten. Eine von drei dem K.4-Ausschuß unterstehenden Lenkungsgruppen wird für Einwanderung und Asyl zuständig sein, der wiederum vier Arbeitsgruppen für Wanderung, Visa, Asyl und Außengrenzen beigeordnet werden.[19] Die bisherigen Gremien der Zusammenarbeit zwischen den Mitgliedstaaten, wie die Ad-hoc-Gruppe Einwanderung, werden durch die neue Struktur ersetzt.

Die somit durch Titel VI EUV ermöglichten völkerrechtlichen Lösungen für ein europäisches Einwanderungs- und Asylrecht bedeuten, daß

- jedes Übereinkommen der Ratifizierung durch die Mitgliedstaaten bedarf und nicht wie die von der Gemeinschaft verabschiedeten Maßnahmen (Verordnungen, Richtlinien) unmittelbar gelten,

- der Vorrang der Übereinkommen vor nationalem Recht nicht sichergestellt ist,

- eine öffentliche Diskussion der Regelungsinhalte weitgehend unmöglich ist. Hieran ändern auch die Unterrichtungs- und Konsultationsbefugnisse des Europäischen Parlamentes nichts, da sie nicht umfassend sind. Zudem finden in den nationalen Parlamenten keine offenen Diskussionen statt, da sich ihre Beteiligung lediglich auf das Ratifizierungsverfahren beschränkt, in dem sie das vorgelegte Übereinkommen nur annehmen oder ablehnen, aber nicht abändern können.

---

19 Vgl. Bundesrats Drucksache 20/94.

Diese Nennung der Nachteile völkerrechtlicher Übereinkommen bedeutet nicht, daß die andere Alternative, die Vergemeinschaftung, ohne Kritik ist. Das gemeinschaftliche Rechtssetzungsverfahren – alleiniges Initiativrecht der Kommission, i.d.R. lediglich Anhörungsrecht des Europäischen Parlamentes, Verabschiedung durch den Rat – hat andere Demokratiedefizite.

Die durch Maastricht geschaffenen Regelungen der Zusammenarbeit nach Titel VI können jedoch nach der Evolutivklausel des Art. K. 9 verändert werden, als die in Art. K. 1 genannte Asyl-, Ausländer- und Einwanderungspolitik vergemeinschaftet werden kann, also wie die Visumspolitik nach Art. 100c EGV vollständig in das Entscheidungs- und Rechtssetzungsverfahren der Gemeinschaft überführt werden kann. In Maastricht war noch in der "Erklärung zur Asylfrage" vorgesehen, bis Ende 1993 zu prüfen, ob in Anwendung der Evolutivklausel des Art. K. 9 die Asylpolitik vergemeinschaftet werden soll. Wegen des verspäteten Inkrafttretens des Vertrages über die Europäische Union zum 1. November 1993 und nicht – wie in Art. R. Abs. 2 vorgesehen – zum 1. Januar 1993 ist diese Zeitvorgabe obsolet geworden.

Die Kommission hat inzwischen dem Rat einen Vorschlag zum Abschluß eines Übereinkommens über die Personenkontrollen beim Überschreiten der Außengrenzen nach Art. K. 3 EUV und einen Vorschlag nach Art. 100c EGV zur Bestimmung der Drittländer, deren Angehörige visumspflichtig sind, vorgelegt.[20] Die Kommission hat für das Übereinkommen den Entwurf des Übereinkommens über das Überschreiten der Außengrenzen vom Juli 1991 zugrundegelegt und den neuen Regelungen angepaßt. Hinsichtlich der Visumspflicht hat die Kommission 125 Länder genannt, wobei es den Mitgliedstaaten freisteht, weitere Länder in die Visumspflicht einzubeziehen. Beide Vorschläge können sinnvollerweise nur zusammen verabschiedet werden. Wann sie in Kraft treten können, ist aber angesichts der bisherigen Steitigkeiten zwischen Spanien und Großbritannien über die Einbeziehung von Gibraltar ungewiß.

---

20 ABl. EG vom 15. Januar 1994, C 11/6.

5. Perspektiven

Die bisher vorliegenden Regelungen auf dem Gebiet der Zuwanderung von Drittstaatsangehörigen bestehen demnach in

- bereits geltenden völkerrechtlichen Verträgen mit materiell-rechtlichen Regelungen (Genfer Flüchtlingskonvention und Europäische Menschenrechtskonvention), zu deren Beachtung sich die Zwölf verpflichtet haben,

- verabschiedeten, aber noch nicht in Kraft getretenen völkerrechtlichen Verträgen zur Bestimmung des zuständigen Staates für ein Asylverfahren (Dubliner Übereinkommen, Schengener Durchführungsübereinkommen) und den Regelungen für das Überschreiten der Außengrenzen nach dem Schengener Durchführungsübereinkommen,

- verschiedenen Entschließungen, wie der zur Familienzusammenführung,

- einem gemeinschaftlichen Rechtssetzungsverfahren für die Visumspflicht nach Art. 100c EGV,

- einem institutionellem Rahmen für die Entwicklung einer Einwanderungspolitik nach Art. K. 3 und K. 4 EUV.

In diesen Regelungen kann der Beginn einer europäischen Einwanderungspolitik gesehen werden. Bevor jedoch von einer derartigen Politik gesprochen werden kann, sind noch Regelungen in weiteren Bereichen erforderlich. So wird vom Rat z.Zt. eine "Entschließung über die Beschränkungen für die Zulassung von Staatsangehörigen dritter Länder in das Hoheitsgebiet der Mitgliedstaaten zur Ausübung einer Beschäftigung" beraten. Angesichts der in allen EG-Mitgliedstaaten bestehenden hohen Arbeitslosigkeit und des Vorrangs von Arbeitnehmern der EG und der EWR-Staaten wird eine Zulassung von Drittstaatsangehörigen nur in Ausnahmefällen und nur vorübergehend und nur für einen bestimmten Zeitraum vorgeschlagen.

Die bisherige europäische Einwanderungspolitik wird hauptsächlich unter dem Gesichtspunkt der Vollendung des Binnenmarktes mit der Beseitigung der Binnengrenzen und der Verlagerung der Kontrollen an die Außengrenzen gesehen. Der Zugang zum Gebiet der Gemeinschaft wird erschwert; ordnungsstaatliches Denken steht im Vordergrund. Fragen der Integration der sich legal in der Gemeinschaft aufhaltenden Drittstaatsangehörigen sind überhaupt noch nicht aufgeworfen worden; für diese Gruppe bestehen mindere Rechte hinsichtlich des Zugangs zur Ausbildung, Berufsbildung und Beschäftigung, sowie zu Leistungen der sozialen Sicherheit, aber auch hinsichtlich staatsbürgerlicher Rechte. Zudem sind Ansätze, wie die Gemeinschaft angemesen auf die Massenwanderungen in der Welt reagieren kann, nicht erkennbar; die Gemeinschaft verbleibt weitgehend im vordergründigen Legalitätsdenken hinsichtlich der Rechtmäßigkeit der Einwanderung oder des Aufenthaltes einzelner Personen.

Weitergehende Ansätze einer europäischen Einwanderungspolitik werden allerdings in der Mitteilung der Kommission zum Thema Einwanderung an den Rat und das Europäische Parlament vom 23. Oktober 1991[21] erkennbar. Sie unterbreitet Vorschläge, "die ein Vorgehen gemäß drei Orientierungen vorsehen und Realismus und Solidarität miteinander verbinden":

"– Berücksichtigung der Wanderungsbewegungen in der Außenpolitik der Gemeinschaft zwecks Abschwächung des Wanderungsdrucks;

– Beherrschung der Wanderungsströme auf der Grundlage eines harmonisierten Kenntnisstands über diese Ströme, Bekämpfung der illegalen Einwanderung, Gewährleistung eines gemeinsamen Ansatzes im Bereich des Asylrechts sowie Annäherung der Kriterien für die Zusammenführung;

– Vertiefung der Politiken zur Integration der legalen Zuwanderer."

Auch wenn die Vorschläge weitgehend unbestimmt bleiben, so schlägt sie jedoch konkret vor

---
21 Dokument SEK (91) 1855 endg.

- die Erteilung einer unbefristeten Aufenthaltserlaubnis nach der Hälfte der für eine Einbürgerung erforderlichen Zeit,

- den Zugang zur Beschäftigung in einem anderen EG-Land, wenn der Drittstaatsangehörige bereits ein ständiges Aufenthaltsrecht in einem EG-Land hat; dies würde eine europaweite Freizügigkeit bedeuten,

- die Gleichbehandlung – auf dem Gebiet der Lebens- und Arbeitsbedingungen – aller rechtmäßig ansässigen Migranten mit den Staatsangehörigen des jeweiligen Landes.

Das Europäische Parlament hat in einer Entschließung vom 15. Juli 1993[22] die Beschlüsse der Einwanderungsminister auf ihren Londoner und Kopenhagener Tagungen scharf kritisiert: Die Entschließung zur Familienzusammenführung "droht das Privatleben nicht zu respektieren, wie dies in den internationalen Verträgen vorgesehen ist, und zu Diskriminierung und Unsicherheit zu führen" und die verabschiedeten Maßnahmen sind "mit dem Geist des Vertrages von Maastricht und mit den europäischen Traditionen der sozialen Gerechtigkeit und der Menschenrechte unvereinbar". Das EP ist ferner "der Auffassung, daß eine Einschätzung des Einwanderungsproblems allein unter dem Blickwinkel der öffentlichen Ordnung und Sicherheit nur dazu führt, daß unbegründete Ängste und eine falsche Bewertung des Problems in der Öffentlichkeit zunehmen."

In seiner Entschließung vom 18. November 1992[23] zur Europäischen Einwanderungspolitik hatte das EP gefordert: Unterstützung der Herkunftsländer, Familienzusammenführung für Ehepartner und Kinder bis zum 18. Lebensjahr, Anwendung der für das Aufenthaltsrecht der Studenten aus EG-Ländern geltenden Richtlinie auf Studenten aus Drittländern, Bekämpfung der illegalen Einwanderung und Beschäftigung, wie Sanktionen gegen Arbeitgeber, Zuwanderung von Arbeitnehmern auf Zeit, gleiche soziale Rechte für EG-Bürger und Drittstaatsangehörige, Verstärkung der Integrationspolitik sowie eigenständiges Aufenthaltsrecht für Ehepartner nach zwei Jahren.

---

22 Bundesrats Drucksache 561/93.
23 Bundesrats Drucksache 893/92.

Gegenwärtig wird im Europäischen Parlament eine vom Ausschuß für Grundfreiheiten und innere Angelegenheiten am 4. November 1993 verabschiedete "Charta der Rechte und Pflichten der in der Europäischen Union ansässigen Drittstaatler" beraten.[24] Mit der Charta wird bezweckt, "die Rechtsstellung der Zuwanderer, die einen ständigen Wohnsitz in einem Mitgliedstaat haben, zu konsolidieren", wobei von einem Aufenthalt von fünf Jahren ausgegangen wird. Ziel der Charta ist es, die Stellung der Arbeitnehmer aus Drittstaaten der der EG-Arbeitnehmer anzugleichen. In der Charta werden u.a. gefordert: Einräumung des Rechts auf Freizügigkeit, Familienzusammenführung für Ehegatten, minderjährige unterhaltsberechtigte Kinder und Verwandte in aufsteigender Linie, ein eigenständiges Aufenthaltsrecht für Familienangehörige, keine Diskriminierung bei den Beschäftigungsbedingungen, bei Arbeitsentgelt und sozialem Schutz, erleichterte Einbürgerung und kommunales Wahlrecht.

Obwohl sich viele der Forderungen der Charta an der von den Regierungen der EG-Mitgliedstaaten (mit Ausnahme Großbritanniens) 1989 angenommenen Gemeinschaftscharta der sozialen Grundrechte der Arbeitnehmer, der Europäischen Menschenrechtskonvention und anderen internationalen Abkommen orientieren sollen, ist angesichts der bisherigen europäischen Einwanderungspolitik nicht zu erwarten, daß die Forderungen des EP Leitlinien der künftigen Einwanderungspolitik werden.

---

24 Bericht Magnani-Noya, EP-Dokument A 3 - 0338/93.

Referenten, Tagungs- und Diskussionsleitung

Dr. Gisbert Brinkmann, Bonn

Dr. Herta Däubler-Gmelin, MdB, Stellvertretende Vorsitzende der SPD, Bonn

Dr. Ulrich Herbert, Forschungsstelle für die Geschichte des Nationalsozialismus, Hamburg

Yasemin Karakasoglu, Zentrum für Türkeistudien, Essen

Dr. Hans Dietrich von Loeffelholz, Leiter der Forschungsgruppe "Öffentliche Finanzen und Steuern" des Rheinisch-Westfälischen Instituts für Wirtschaftsforschung e.V., Essen

Dr. Ursula Mehrländer, Leiterin der Abt. Arbeits- und Sozialforschung der Friedrich-Ebert-Stiftung, Bonn

Prof. Dr. Dieter Oberndörfer, Universität Freiburg, Leiter des Arnold-Bergstraesser-Instituts

Heiner Sandig, Ausländerbeauftragter des Landes Sachsen, Dresden

Günther Schultze, Abt. Arbeits- und Sozialforschung der Friedrich-Ebert-Stiftung, Bonn

Reihe "Gesprächskreis Arbeit und Soziales"

Gesprächskreis Arbeit und Soziales Nr. 1
Ausländer im vereinten Deutschland – Perspektiven der Ausländerpolitik (vergriffen)

Gesprächskreis Arbeit und Soziales Nr. 2
Industriebetriebe an der Schwelle zur Marktwirtschaft (vergriffen)

Gesprächskreis Arbeit und Soziales Nr. 3
Zuwanderungspolitik der Zukunft (vergriffen)

Gesprächskreis Arbeit und Soziales Nr. 4
Modernes Management in Unternehmen der alten und neuen Bundesländer

Gesprächskreis Arbeit und Soziales Nr. 5
Zukunft des Gesundheitswesens in den neuen Bundesländern (vergriffen)

Gesprächskreis Arbeit und Soziales Nr. 6
Multikulturelle Gesellschaft – Der Weg zwischen Ausgrenzung und Vereinnahmung? (vergriffen)

Gesprächskreis Arbeit und Soziales Nr. 7
Ursula Mehrländer, Günther Schultze
Einwanderungskonzept für die Bundesrepublik Deutschland – Fakten Argumente, Vorschläge (vergriffen)

Gesprächskreis Arbeit und Soziales Nr. 8
Zukunft sozialer Einrichtungen und sozialer Dienste in den neuen Bundesländern (vergriffen)

Gesprächskreis Arbeit und Soziales Nr. 9
Sicherung des Gesundheitswesens in den 90er Jahren (vergriffen)

Gesprächskreis Arbeit und Soziales Nr. 10
Branchenentwicklungen und Handlungsperspektiven betrieblicher Interessenvertreter in den neuen Bundesländern (vergriffen)

Gesprächskreis Arbeit und Soziales Nr. 11
Der ostdeutsche Maschinenbau – Wege zur internationalen Wettbewerbsfähigkeit

Gesprächskreis Arbeit und Soziales Nr. 12
Flüchtlingsbewegungen und das Recht auf Asyl (vergriffen)

Gesprächskreis Arbeit und Soziales Nr. 13
Verzahnung von Arbeitsmarkt-, Regional- und Wirtschaftspolitik – Eine dringende Aufgabe in den neuen Bundesländern (vergriffen)

Gesprächskreis Arbeit und Soziales Nr. 14
Einwanderungsland Deutschland: Bisherige Ausländer- und Asylpolitik – Vergleich mit europäischen Ländern (vergriffen)

Gesprächskreis Arbeit und Soziales Nr. 15
Fremdenfeindlichkeit und Gewalt – Ursachen und Handlungsperspektiven (vergriffen)

Gesprächskreis Arbeit und Soziales Nr. 16
Veränderung des Arbeitsschutzrechtes in der Bundesrepublik Deutschland (vergriffen)

Gesprächskreis Arbeit und Soziales Nr. 17
Gesundheitsstrukturgesetz – Geeignet zur Lösung der Probleme im Gesundheitswesen?

Gesprächskreis Arbeit und Soziales Nr. 18
Neue Ansätze in der Arbeitsmarktpolitik – Ist ein Gesamtkonzept für die neuen und alten Bundesländer erforderlich? (vergriffen)

Gesprächskreis Arbeit und Soziales Nr. 19
Deutsche und Polen – Zwischen Nationalismus und Toleranz (vergriffen)

Gesprächskreis Arbeit und Soziales Nr. 20
Betriebliche Gesundheitspolitik auf dem Prüfstand – Sind neue Konzepte für alternde Belegschaften erforderlich?

Gesprächskreis Arbeit und Soziales Nr. 21
Entstehung von Fremdenfeindlichkeit – Die Verantwortung von Politik und Medien

Gesprächskreis Arbeit und Soziales Nr. 22
Partizipationschancen ethnischer Minderheiten – Ein Vergleich zwischen Großbritannien, den Niederlanden und der Bundesrepublik Deutschland (vergriffen)

Gesprächskreis Arbeit und Soziales Nr. 23
Fremdenfeindlichkeit und Rassismus – Herausforderung für die Demokratie (vergriffen)

Gesprächskreis Arbeit und Soziales Nr. 24
Gesundheitspolitik in Unternehmen der neuen Bundesländer (vergriffen)

Gesprächskreis Arbeit und Soziales Nr. 25
Weiterentwicklung der Behindertenpolitik in Deutschland

Gesprächskreis Arbeit und Soziales Nr. 26
Das duale System der Berufsausbildung in der Sackgasse? – Modernisierungsdruck und Reformbedarf

Gesprächskreis Arbeit und Soziales Nr. 27
Den Zweiten Arbeitsmarkt fördern – Ein ökonomisch und sozial tragfähiges Konzept?

Gesprächskreis Arbeit und Soziales Nr. 28
Ausbildung und Beschäftigung – Übergänge an der zweiten Schwelle

Gesprächskreis Arbeit und Soziales Nr. 29
Chancengleichheit für ausländische Jugendliche

Gesprächskreis Arbeit und Soziales Nr. 30
Privatisierung von Gesundheitsleistungen – Die soziale Krankenversicherung auf Abwegen

Gesprächskreis Arbeit und Soziales Nr. 31
Einwanderungspolitik Kanadas und der USA – Beispiele für die Bundesrepublik Deutschland?

Gesprächskreis Arbeit und Soziales Nr. 32
Von der Ausländer- zur Einwanderungspolitik

Die Broschüren sind kostenlos zu beziehen bei:
Friedrich-Ebert-Stiftung
Abt. Arbeits- und Sozialforschung

D-53170 Bonn